westermann

Stark in...

Berufsorientierung für Einsteiger

geschrieben von
Frank Eichhorn
Carina Hübner
Nina Simon

Stark in...

Berufsorientierung für Einsteiger

geschrieben von
Frank Eichhorn
Carina Hübner
Nina Simon

Bildnachweis
|A1PIX - Your Photo Today, Ottobrunn: Phanie Titel. |Bundesagentur für Arbeit, Nürnberg: 26 Mi.re.; S. Johnke 25 u. |Druwe & Polastri, Cremlingen/Weddel: 28 Mi. |fotolia.com, New York: 52 4; bilderzwerg 52 3; Brilliant Eye 26 u.Mi.; gemenacom 23 li. u.; Gooseman 52 1; ikonoklast_hh 30 o.re.; Ingo Bartussek 23 re.o.; K. Benser 26 u.re.; Picture-Factory 28 li.; RioPatuca Images 29 re.; robynmac 17 o.; vektorisiert 52 2. |Future Mindset 2050 GmbH, Gehrden: 52 9. |JOKER: Fotojournalismus, Bonn: Katharina Eglau 26 u.li. |Kampwerth, Maria, Harsewinkel: 6 re.u., 38 Mi., 39 li., 40, 45, 45 Mi.re. |Kommunikationsdesign Stefan Klein / Olaf Neumann, Iserlohn: Bundesministerium der Finanzen/ Referat Postwertzeichen 44 Mi. li. |Litera, Ralf, Bielefeld: 5, 5, 5, 5 4, 6 li.o. + u., 6 li.u., 8, 8, 9 Mi., 26 o., 31, 38 li., 38 re., 39 re. |mauritius images GmbH, Mittenwald: P. Enzinger 6 re. o. |Picture-Alliance GmbH, Frankfurt/M.: dpa/LaPresse/V. Coraggio 23 li. Mi.; dpa/ZB/Büttner, Jens 28; Okapia/Rose, Klaus 29 li.; ZB/ Schutt, M. 6 re.Mi.; ZB/ Thieme, W. 30 Mi. oben. |Schliebusch, S., Kürten: 35, 35 2, 35 4, 35 5, 35 6, 47, 47 1, 47 2, 47 3, 47 4, 47 6. |ullstein bild, Berlin: Hackenberg 23 re.Mi.; SVEN SIMON 23 li.o.; Unkel 30 o.li. |Visum Foto GmbH, München: W. Bachmeier 23 re. u.

Wir arbeiten sehr sorgfältig daran, für alle verwendeten Abbildungen die Rechteinhaberinnen und Rechteinhaber zu ermitteln. Sollte uns dies im Einzelfall nicht vollständig gelungen sein, werden berechtigte Ansprüche selbstverständlich im Rahmen der üblichen Vereinbarungen abgegolten.

Hinweis für die Lehrkraft
In diesem Arbeitsheft finden sich zu den verschiedenen Berufen und Berufsfeldern einzelne ausgewählte Beispiele. Sofern die Schülerinnen und Schüler dazu auf Kenntnisse und Erfahrungen aus dem Unterricht in anderen Fächern zurückgreifen können, sollten diese Anknüpfungsmöglichkeiten genutzt werden. Dies gilt auch für weitere Querverbindungen zu anderen Fächern.

westermann GRUPPE

Druck C³ / Jahr 2021
Alle Drucke der Serie C ab Druck C¹/2019 sind inhaltlich unverändert.

Redaktion: form&inhalt verlagsservice Martin H. Bredol, Marburg
Zeichnungen: Hendrik Kranenberg, Drolshagen
Layout und Umschlaggestaltung: Janssen Kahlert Design & Kommunikation, Hannover
Druck und Bindung: Westermann Druck GmbH, Braunschweig

ISBN 978-3-507-**32683**-5

Einleitung

Liebe Schülerin! Lieber Schüler!

Dieses neue Lern- und Arbeitsheft möchte dich dazu anregen, dass du dich mit der Frage beschäftigst, welcher Beruf für dich der richtige sein könnte.

Dabei sollen dich unsere Auftaktseiten auf das jeweilige Thema einstimmen, mit vielen Bildern neugierig machen und dir Wissen zum jeweiligen Thema vermitteln.
Auf den folgenden Seiten erarbeitest du dir selbst den Stoff mithilfe von kurzen Texten und sehr unterschiedlichen Aufgabenstellungen. Kleine Symbole zeigen dir dabei, wie du die Aufgaben lösen sollst. Am Schluss eines jeden Kapitels gibt es eine Kompaktseite.
Sie hilft dir, das erworbene Wissen zusammenzufassen.

Viel Spaß in diesem Lern- und Arbeitsheft und beim gemeinsamen Suchen nach Antworten!

Diese Zeichen findest du vor den Aufgaben. Sie bedeuten:

Schreibe etwas auf.

Arbeite mit deinen Händen, z. B. etwas basteln, etwas ausschneiden.

Arbeite mit dem Computer. Recherchiere nach Informationen im Internet.

Arbeite mit einer Partnerin oder einem Partner.

Arbeitet gemeinsam in der Gruppe.

Sammle Informationen auch außerhalb des Klassenzimmers.

Macht ein Rollenspiel, spielt Theater.

Erzähle oder berichte von etwas. Manchmal musst du auch über etwas nachdenken oder zu etwas Stellung nehmen.

Webcode
SDL-32683-101
Vorlage
Steckbrief

Gib die Kombination aus Buchstaben und Zahlen unter www.schroedel.de ein. Dann kannst du dir die Vorlage aus dem Buch herunterladen.

Über sich selber nachdenken und Meinungen austauschen

Betriebe besichtigen und Praktika machen

Sich beraten lassen, Hilfsangebote nutzen und Entscheidungen treffen

Informationen sammeln und Bewerbungen schreiben

Was heißt Berufsorientierung?

Weißt du schon, welcher Beruf zu dir passt? Wenn nein, dann geht es dir wie den meisten anderen Jugendlichen in deinem Alter.

Bei einer so wichtigen Entscheidung muss man sich erst einmal orientieren.

Der Prozess der Berufsorientierung dauert mehrere Jahre bis zum Ende deiner Schulzeit. Dann entscheidest du zusammen mit deinen Beratern, wie es beruflich mit dir weitergeht.

Vorher solltest du dich selber besser kennenlernen und über deine Interessen und Vorlieben nachdenken, aber auch über deine Stärken und Schwächen.

Und natürlich ist es gut, wenn du möglichst viel Wissen über die Berufswelt sammelst. Ganz wichtig sind auch die Erfahrungen, die du in deinen Praktika sammeln wirst.

Dieses Heft soll dir dabei helfen, dass du am Ende deiner Schulzeit eine gute Entscheidung triffst.

Auf dem Weg durch die Berufsorientierung helfen dir viele Menschen: Deine Lehrkräfte, deine Familie und Freunde, deine Berufsberater/-innen und die Menschen in den Betrieben.

Sei neugierig darauf, was du alles von ihnen erfahren und lernen kannst.

1 Unterstreiche im Text mithilfe eines Lineals 10 Worte, die du für deine Berufsorientierung für besonders wichtig hältst.

Wer macht mit bei der Berufsorientierung?

Bei deiner Berufsorientierung können dir viele Menschen helfen, z. B. deine Lehrkräfte oder die Mitarbeiter/-innen der Bundesagentur für Arbeit. Sie alle wollen, dass du Erfolg hast. Auch in deinem privaten Bereich solltest du über deine Berufsorientierung reden: Mit deiner Familie, mit Verwandten, mit Nachbarn, Bekannten und natürlich mit Freunden/-innen. Es ist klug von dir, wenn du mit Menschen über ihre Erfahrungen in der Arbeitswelt sprichst und von ihnen lernst. So kannst du selbst etwas für einen guten Einstieg in den Beruf tun.

Sprich mit deinen **Eltern** oder mit deinen **Erziehern**, mit **Verwandten** und **Bekannten** über deine Fragen und Wünsche. Nutze ihre Erfahrungen.

Einige deiner **Mitschüler/-innen** und **Freunde/-innen** haben schon Praktika gemacht oder sind bereits in einer Ausbildung. Frage sie nach ihren Erfahrungen und nach Tipps.

Nutze die Angebote der **Bundesagentur für Arbeit**. Im **BIZ** gibt es vielfältige Informationen. Dein **Berufsberater** oder deine **Berufsberaterin** hilft dir bei deiner Berufswahl und beantwortet deine Fragen.

Die **Lehrkräfte** an deiner Schule haben wichtige Aufgaben bei deiner Berufsorientierung. Sie koordinieren alles und beraten dich bei wichtigen Fragen.

Bei **Betriebsbesichtigungen** und in deinen **Praktika** erlebst du die Berufswelt hautnah. Ohne diese Erfahrungen ist es schwer, später eine gute Entscheidung zu treffen.

1 Besprecht, wer euch bei der Berufswahl helfen kann.

2 Überlegt, wie euch diese Personen helfen können. Welche Tipps können sie euch geben?

Meine Berufsorientierung: Schritt für Schritt

Deine Berufsorientierung dauert mehrere Jahre. Dabei gehst du Schritt für Schritt voran. Mit diesem Heft arbeitest du zwei Jahre.

1. Notiere in den nächsten Monaten, wann du die einzelnen Schritte jeweils erledigt hast.
2. Notiere in der rechten Spalte, auf welcher Seite du Informationen zum Thema findest.
3. Ergänze später in den freien Feldern, welche zusätzlichen Schritte du machst.

Mein **erstes Jahr** Berufsorientierung: Ich bin in der __________ Klasse.

	erledigt am	Heft S.
Ich lerne, was Berufsorientierung bedeutet.		
Ich denke über meine Stärken und meine Interessen nach.		
Ich mache eine Potenzialanalyse.		
Ich hefte mein Zertifikat zur Potenzialanalyse in den Berufswahlordner.		
Ich lerne verschiedene Berufe und Berufsfelder kennen.		
Ich besuche das Berufsinformationszentrum (BIZ).		
Ich überlege, welche Berufe mich interessieren.		
Ich berate mich mit meinen Vertrauenspersonen und Lehrkräften.		
Ich entscheide, in welchem Beruf ich ein Praktikum machen will.		
Ich schreibe meinen Lebenslauf und speichere ihn sicher auf dem PC und auf einem Stick.		
Ich schreibe eine kurze Bewerbung und speichere sie sicher.		
Ich bereite mein erstes Praktikum vor.		
Ich mache mein erstes Praktikum.		
Ich werte mein erstes Praktikum aus.		
Ich hefte mein Praktikumszeugnis in meinen Berufswahlordner.		
Ich nehme am Girls'Day / Boys'Day teil.		
Ich überlege, welche Schritte als nächstes für mich wichtig sind.		

Mein **zweites Jahr** Berufsorientierung: Ich bin in der __________ Klasse.

	erledigt am	Heft S.
Ich informiere mich weiter über Berufe und Berufsfelder.		
Ich sammele Informationen über Betriebe in meiner Region.		
Ich entscheide, welches Praktikum ich als nächstes machen möchte.		
Ich mache ein Bewerbungstraining.		
Ich aktualisiere meinen Lebenslauf.		
Ich bewerbe mich für mein Praktikum und speichere alles sicher ab.		
Ich sammele Informationen über meinen Praktikumsbetrieb.		
Ich mache mein Praktikum und werte es aus.		
Ich hefte mein Praktikumszeugnis in meinen Berufswahlordner.		
Ich berate mich mit meinen Vertrauenspersonen und Lehrkräften.		

Ich lege einen Berufswahlordner an

In den nächsten Jahren wirst du selbstständig wichtige Unterlagen erstellen, Praktikumsbescheinigungen bekommen und nützliche Informationen sammeln.
Es ist sehr hilfreich, wenn du alle diese Papiere in einem einzigen Ordner zusammenfügst, so dass nichts verloren geht. Gehe sorgsam mit diesen Materialien um.
Bedenke, dass Schmutzflecken, Eselsohren und Risse sehr ärgerlich sind.

Praktikumsbescheinigungen

Adressen von Menschen, die dir helfen können

Adressen von Betrieben

Bewerbungsschreiben

Lebenslauf

Sonstige Informationen

1 Gestalte deinen persönlichen Ordner für deine Berufsorientierung.

Diese Dinge brauchst du:

Einen Ordner: Er sollte einen stabilen Einband haben.

Farbige Register: In dem Ordner sortierst du alle deine Unterlagen in Kapiteln.
Für jedes Kapitel benötigst du ein eigenes Register. Es gibt diese Kapitel:

- Das bin ich!
- Meine Bewerbungsunterlagen
- Meine Praktikumsbescheinigungen
- Zeugnisse und Zertifikate
- Wichtige Adressen und Informationen
- Weitere wichtige Dokumente

Klarsichthüllen: Schütze deine wichtigen Papiere in Klarsichthüllen.
So vermeidest du Schmutzflecken, Eselsohren und Risse. Und: Du musst deine Papiere nicht lochen, um sie abzuheften.

Tipp

Tipps zur Arbeit mit diesem Heft

→ In deinen Ordner kannst du auch dieses Arbeitsbuch einheften. Dafür gibt es die kleinen Ösen.

→ Möglich ist auch, dass du alle deine Unterlagen und dieses Heft in den Berufswahlpass einsortierst.

→ Du wirst in den nächsten Jahren wichtige Unterlagen auf dem Computer erstellen, zum Beispiel deinen Lebenslauf.
Sichere immer alles auf einem USB-Stick.
Hebe diesen Stick an einem Ort auf, wo du ihn immer schnell wiederfindest.
So kannst du bei der nächsten Bewerbung viel Zeit sparen.

Ordner: „Meine Berufsorientierung“
So sieht der fertige Ordner aus.

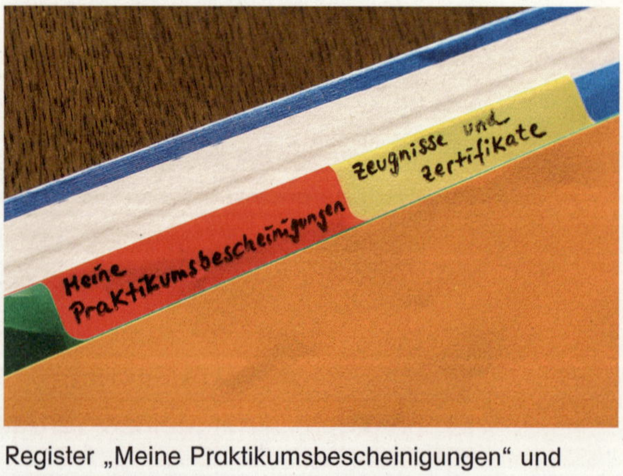

Register „Meine Praktikumsbescheinigungen“ und
Register „Zeugnisse und Zertifikate“

Das bin ich! – Mein Profil

Was kann ich gut?

Was fällt mir nicht so leicht?

Was mache ich gerne?

Welche Berufe passen zu mir?

Was möchte ich mal werden?

Welche Kompetenzen habe ich?

Sicherlich hast du dir auch schon einmal einige dieser Fragen gestellt, wenn du über dein Leben oder einen geeigneten Beruf für dich nachgedacht hast.
In diesem Kapitel geht es um deine Stärken und um deine Kompetenzen. Wenn du deine Stärken kennst, dann kann dir das bei deiner beruflichen Orientierung sehr nützlich sein.

1 Sucht euch eine der Fragen aus, die euch am meisten beschäftigt. Tauscht eure Gedanken dazu aus.

Mein Steckbrief

1 Fülle den Steckbrief mit deinen Daten aus.

Nachname: ______________________________

Vorname: ______________________________

Meine Adresse

Straße, Hausnummer: ______________________________

Postleitzahl (PLZ): __________ Wohnort: ______________________________

Telefon Festnetz: ______________________________

Telefon Mobil: ______________________________

Mailadresse: ______________________________

Zu meiner Person

Geboren am: ☐☐ ☐☐ ☐☐☐☐

Geburtsort: ______________________________

Staatsangehörigkeit: ______________________________

Konfession: ______________________________

Welche Sprachen sprichst du?

____

Besondere Kennzeichen

Haarfarbe: ______________________________

Augenfarbe: ______________________________

Körpergröße: ______________________________

Sonstiges: ______________________________

Info

Konfession
Damit ist gemeint, zu welcher Religionsgemeinschaft du gehörst, zum Beispiel zum Christentum (katholisch, evangelisch oder orthodox), zum Islam, zum Judentum, zum Hinduismus oder zum Buddhismus.
Wenn du keiner Konfession angehörst gehörst, dann schreibe: keine.

Info

Staatsangehörigkeit
Ein anderes Wort dafür ist Nationalität.
Deine Staatsangehörigkeit ist in deinem Ausweis eingetragen.
Du musst deine Staatsangehörigkeit zum Beispiel dann angeben, wenn du einen Antrag bei einem Amt stellst.
In einer Bewerbung für einen Ausbildungsplatz musst du deine Staatsangehörigkeit nicht angeben, du kannst es aber tun.

Tipp

Diesen Steckbrief kannst du dir in der nächsten Zeit immer ansehen, wenn du deinen Lebenslauf schreiben musst, zum Beispiel für eine Bewerbung. Das erspart dir viel Zeit.

Webcode
SDL-32683-101
Vorlage Steckbrief

Was gehört noch zu deiner Persönlichkeit? Mit welchen Aktivitäten oder Themen beschäftigst du dich gerne in der Schule oder in deiner Freizeit?
Manchmal geben dir diese Interessen schon einen Hinweis darauf, welche Berufe dir liegen könnten. Du kannst Freizeitaktivitäten zum Beispiel nach Themen ordnen.

Computer, Smartphone und Fernseher
chatten, Videospiele spielen, Filme anschauen …

Sport
Fußball spielen, tanzen, Basketball spielen …

Interesse an speziellen Themen
Weltall, Ritter, aktuelle Tagesthemen …

Musik
musizieren, Musik hören, Musikclips anschauen …

Lesen und Schreiben
Bücher lesen, Hörspiele hören, Mails schreiben …

Kreativität, Gestalten, Bauen, Kochen
Arbeiten mit Holz, nähen, Gestaltung mit Papier, kochen …

In der Schule finde ich das Fach Geschichte gut.
Mein Hobby ist mein Skateboard. Ich übe schon seit Jahren mehrmals in der Woche.
Zu Hause schaue ich mir gerne im Internet Musikclips an.

Info

Hobby
Ein Hobby ist eine Freizeitbeschäftigung, die du regelmäßig und gerne machst.

1 Jetzt bist du an der Reihe. Schreibe auf, was du gerne machst.

Das sind Angebote in der Schule, bei denen ich gerne mitmache:

→ ____________________

→ ____________________

Das ist mein Hobby:

→ ____________________

Mit diesen Aktivitäten und Themen beschäftige ich mich auch in meiner Freizeit:

→ ____________________

→ ____________________

Stärken und Schwächen

1 Unterstreiche mit einem grünen Stift deine Stärken. Unterstreiche mit einem roten Stift die Aussagen, die eher nicht auf dich zutreffen.

Ich kann gut zuhören.

Ich bin sportlich.

Ich arbeite gern mit anderen Menschen.

Ich kann gut aufräumen.

Ich kann gut mit Holz arbeiten.

Ich arbeite gern alleine.

Ich kann gut kochen.

Ich kann Fehler zugeben.

Ich rechne gern.

Ich rede gern vor einer Gruppe.

Ich schreibe gern Geschichten.

Ich mache gern Musik.

Ich bin immer pünktlich.

Ich kann mich gut organisieren.

Ich helfe gern anderen Menschen.

Auf mich kann man sich verlassen.

Ich erledige Aufgaben vollständig.

2 Überlegt gemeinsam, welche unterschiedlichen Stärken einzelne Schülerinnen und Schüler in eurer Klasse haben. Notiere.

___

___

___

___

___

___

___

3 Überlegt danach gemeinsam, in welchen Situationen ihr eure Stärken erkennt oder zeigt.

1 Notiere deine drei wichtigsten Stärken. Ergänze, in welchen Situationen du deine Stärken erkennst.

Meine Stärken:	**Beispiel für eine Situation:**
1. ______________________	→ ______________________
2. ______________________	→ ______________________
3. ______________________	→ ______________________

Potenzialanalyse

Das Wort Potenzial ist ein anderes Wort für Stärke oder Kompetenz.
Alle Schülerinnen und Schüler können/sollten in der 7. oder 8. Klasse eine Potenzialanalyse machen. Dabei versuchen Experten an einem ganzen Tag herauszufinden, welche Stärken du hast.
Du bearbeitest alleine und zusammen mit anderen verschiedene Aufgaben, um dein schlummerndes Potenzial für mögliche Berufe zu entdecken. Denn oft wissen Jugendliche gar nicht so genau, was sie alles können.

Das Ergebnis wird dir in einem Gespräch mitgeteilt. Du erhältst auch eine schriftliche Beschreibung deiner Potenziale und ein Zertifikat. Hefte alles in deinem Ordner ab. Tausche dich mit deinen Eltern, Lehrkräften und Berufsberatern über die Ergebnisse aus. Sie können dir helfen, einen Praktikumsberuf auszusuchen, der zu dir passt.

2 Beantworte die Fragen:

a) Was versucht man mit der Potenzialanalyse herauszufinden? Was erfährst du dadurch?

____

____

b) Nenne zwei andere Wörter für Potenzial.

____

c) Wofür kannst du das Ergebnis der Potenzialanalyse zum Beispiel verwenden?

____

d) An welchem Datum findet deine Potenzialanalyse statt?

____

Persönliche Kompetenzen

Über persönliche Kompetenzen verfügt jeder Mensch. Sie gehören zur Persönlichkeit jedes einzelnen Menschen. Persönliche Kompetenzen sind zum Beispiel:

Selbstständigkeit

Leistungsbereitschaft

körperliche Belastbarkeit

Kreativität und Einfallsreichtum

Zuverlässigkeit

1 Ordne die Oberbegriffe aus dem oberen Kasten den Aussagen der Schülerinnen und Schüler zu.

Manchmal stehe ich morgens allein auf und mache mir mein Frühstück gerne selber. ______

Ich helfe am Wochenende meinem Onkel auf der Baustelle. ______

Ich bin immer pünktlich am vereinbarten Ort. ______

Für Klassenarbeiten lerne ich frühzeitig, damit ich eine gute Bewertung bekomme. ______

Ich gehe für eine ältere Dame jede Woche einkaufen. Sie kann sich auf mich verlassen. ______

Ich kann wichtige Termine selber organisieren. ______

Ich lasse mir gerne spannende Geschichten einfallen. ______

Ich bearbeite komplizierte Aufgaben solange, bis ich sie gelöst habe. ______

Ich lasse mir beim Backen immer neue Verzierungen einfallen. ______

Schätze deine persönlichen Kompetenzen ein

❶ Schätze dich selber ein und kreuze an.

	☺	😐	☹
Selbstständigkeit			
Ich erledige selbstständig Arbeitsaufträge.			
Ich frage nach, wenn ich etwas nicht verstehe.			
Ich organisiere Termine selbstständig, zum Beispiel beim Arzt.			
Ich räume auf, ohne dass man mich darauf hinweisen muss; das mache ich so in meinem Zimmer oder mit meiner Schultasche.			
Zuverlässigkeit			
Ich halte mich an Vereinbarungen und Termine.			
Ich erledige meine Hausaufgaben immer vollständig.			
Andere Personen können sich auf mich verlassen.			
Ich bin pünktlich.			
Ich halte mich an vereinbarte Regeln.			
Körperliche Belastbarkeit			
Ich kann beim Arbeiten viel tragen.			
Ich mache mehrmals in der Woche und gerne Ausdauersport.			
Ich komme beim Arbeiten gern an meine körperlichen Grenzen.			
Leistungsbereitschaft			
Neue Aufgaben beginne ich mit Begeisterung.			
Ich helfe anderen, auch wenn ich gerade etwas anderes machen möchte.			
Ich bearbeite Aufgaben auch, wenn sie mir schwer fallen.			
Ich lerne gerne dazu und beschäftige mich mit neuen Inhalten.			
Ich verfolge meine schulischen Ziele mit großem Einsatz.			
Kreativität			
Ich probiere gerne neue Dinge aus, zum Beispiel beim Kochen.			
Ich finde meistens einen guten Ausweg aus schwierigen Situationen.			
Ich gestalte oder dekoriere gerne mit verschiedenen Materialien.			
Es gelingt mir, mit wenigen Gegenständen etwas Neues zu gestalten.			

Webcode
SDL-32683-102
Vorlage: Meine persönlichen Kompetenzen

❷ Deine persönlichen Kompetenzen verändern und entwickeln sich. Schätze dich nach einem Schuljahr noch einmal ein.

❸ Überlege gemeinsam mit einem Partner oder einer Partnerin, was sich geändert hat.

❹ Überlege und entscheide, welche Fähigkeiten du ab sofort verbessern möchtest.

Methodische Kompetenzen

Methodische Kompetenzen helfen dir in deinem täglichen Leben und auch später im Beruf. Zum Beispiel: Wie gehst du vor, wenn du deinen Arbeitsplatz einrichtest oder wenn du eine schwierige Aufgabe lösen musst? Dabei helfen dir methodische Kompetenzen.
Einige methodische Kompetenzen sind:

- Arbeitstempo
- Sorgfalt und Genauigkeit
- Arbeitsorganisation
- Informationen sammeln

Unter Arbeitsorganisation versteht man zum Beispiel, dass du ...
– Schritt für Schritt arbeitest,
– deine Arbeitsschritte planst,
– die Arbeitsergebnisse kontrollierst,
– Bescheid sagst, wenn du Hilfe brauchst.

1 Ordne die Oberbegriffe aus dem oberen Kasten den Aussagen der beiden Schüler zu.

Ich kann Schritt für Schritt arbeiten.

____

Ich kann gut mit Lineal und Geodreieck umgehen. Ich zeichne Rechtecke, Quadrate und Dreiecke korrekt nach den Vorgaben.

____

Ich kann zügig Aufgaben bearbeiten.

____

Wenn ich kochen möchte, lese ich mir zuerst das Rezept durch. Danach besorge ich die Zutaten und die Geräte. Erst dann beginne ich mit dem Kochen.

____

Ich schreibe Texte fehlerlos und gut lesbar ab.

____

Ich kontrolliere meine Arbeitsergebnisse, bevor ich sie abgebe.

____

Aufgaben erledige ich in der vorgegebenen Zeit vollständig.

____

Ich weiß, wie ich einen Computer nutzen kann, um an nützliche Informationen zu kommen.

____

Wann brauche ich methodische Kompetenzen?

1 Die Arbeitsschritte bei dem folgenden Rezept für Rührei sind durcheinander geraten. Überlegt, wie ihr am besten Schritt für Schritt arbeiten würdet. Nummeriert eine sinnvolle Reihenfolge mit den Ziffern 1 bis 9.
Ein Tipp: Es gibt unterschiedliche Möglichkeiten.

Rührei zubereiten – Schritt für Schritt

- ☐ Füge die abgemessene Milch in die Pfanne und verrühre die Eier mit der Milch.
- ☐ Schlage nun die beiden Eier in die Pfanne.
- ☐ Nutze einen Messbecher, um 50 ml Milch abzumessen.
- ☐ Verrühre die Eier in der Pfanne mit einem Schneebesen.
- ☐ Nach dem Schnittlauch schneide den Speck in Würfel.
- ☐ Bevor du mit dem Kochen beginnst, wasche deine Hände.
- ☐ Zuerst schneidest du die Schnittlauchstängel klein.
- ☐ Kaufe alle Zutaten, die auf dem Rezept stehen.
- ☐ Zum Schluss schmeckst du dein Rührei mit einer Prise Salz und Pfeffer ab.

Zutatenliste für 1 Person:
2 Eier
50 ml Milch
5 Stängel Schnittlauch
(oder Petersilie)
1 Prise Salz
1 Prise Pfeffer
nach Geschmack noch eine Scheibe Speck

Geräte:
1 Pfanne
1 Schneebesen
1 scharfes Messer
1 Brettchen
1 Messbecher

2 Bereite das Rührei allein oder mit einer Freundin/einem Freund zu.

3 Schreibe auf, welche methodischen Kompetenzen ihr dazu benötigt habt.

____

____

4 Hier ist etwas schiefgegangen. Welche methodischen Kompetenzen benötigen die Jugendlichen dringend? Notiere unter den Bildern.

_______________________ _______________________

_______________________ _______________________

5 Begründe deine Meinung.

Schätze deine methodischen Kompetenzen ein

1 Schätze dich selber ein und kreuze an.

	☺	😐	☹
Arbeitsorganisation			
Ich habe meine Arbeitsmaterialien immer vollständig dabei.			
Wenn ich eine Arbeit erledige, arbeite ich Schritt für Schritt.			
Ich kann meinen Tag gut planen.			
Ich kontrolliere meine Arbeitsergebnisse, nachdem ich sie erledigt habe.			
Wenn mir eine Aufgabe zu schwer ist, sage ich Bescheid.			
Bei Partner- und Gruppenarbeiten kümmere ich mich um eine gute und faire Verteilung der Aufgaben.			
Sorgfalt und Genauigkeit			
Ich lese meine Arbeitsaufträge immer gründlich durch, bevor ich mit der Arbeit anfange.			
Beim Arbeiten in der Schule, zum Beispiel in Geometrie, in Werken oder in Kunst halte ich mich immer exakt an die Vorgaben.			
Ich kontolliere meine Ergebnisse und prüfe, ob alles vollständig ist.			
Bei der Arbeit lasse ich mich nicht ablenken und bleibe konzentriert.			
Ich achte darauf, dass meine Materialien immer vollständig sind und ordentlich aussehen.			
Ich gehe mit den Materialien anderer Personen sorgfältig um.			
Arbeitstempo			
Ich erledige Aufgaben in der vorgegebenen Zeit vollständig.			
Ich teile mir meine Aufgaben gut ein, zum Beispiel meinen Wochenplan.			
Wird es stressig, reagiere ich ruhig und passe mein Arbeitstempo an.			
Ich lasse mich von unruhigen Mitschülern/-innen nicht ablenken.			
Informationen sammeln			
Ich frage Personen, die sich mit dem Thema auskennen könnten.			
Ich kann mit dem Computer nützliche Informationen sammeln.			
Ich suche im Internet oder in Büchern, wenn ich etwas wissen möchte.			
Ich konzentriere mich auf wichtige und nützliche Informationen.			
Ich sortiere die Informationen nach Themen.			
Ich denke über die Informationen nach, die ich erhalten habe und spreche mit anderen Personen darüber.			

Webcode
SDL-32683-103
Vorlage: Meine methodischen Kompetenzen

2 Auch deine methodischen Kompetenzen verändern und entwickeln sich. Schätze dich nach einem Schuljahr noch einmal ein.

3 Überlege gemeinsam mit einem Partner oder einer Partnerin, was sich geändert hat.

4 Überlege und entscheide, welche Fähigkeiten du ab sofort verbessern möchtest.

Immer, wenn wir mit anderen Menschen umgehen, dann helfen uns soziale Fähigkeiten: in der Familie, in der Schule, in der Freizeit und im Beruf. Wenn wir miteinander sprechen, etwas zusammen gestalten oder gemeinsam Aufgaben lösen, dann sind diese Kompetenzen sehr wichtig. Dazu gehören:

- → **Konfliktfähigkeit**
- → **Kommunikationsfähigkeit**
- → **Hilfsbereitschaft**

- → **Respektvoller Umgang**
- → **Teamfähigkeit**
- → **Einfühlungsvermögen**

1 Ordne den Aussagen die passende soziale Kompetenz zu.

Wenn ich mich mit anderen streite, dann kann ich trotzdem mit ihnen sachlich umgehen.

____

Wenn jemand meine Unterstützung benötigt, dann kann er oder sie auf mich zählen.

____

In einer Streitsituation kann ich Aufgaben gut gemeinsam mit anderen lösen.

____

Ich verstehe manchmal ohne Worte, wie Menschen sich fühlen und was sie brauchen.

____

Das erwarte ich von anderen und so sollte jeder Mensch behandelt werden.

____

Ich kann anderen gut vermitteln, was ich denke und was ich weiß.

____

2 Spielt das Spiel „Wir bauen einen Papierturm“.

3 Kreuze vor dem Spiel an, welche Kompetenzen vielleicht wichtig sein werden.

Wir bauen einen Papierturm

Spieler:
Bildet Teams mit jeweils 2–3 Spielern.
Ihr braucht:
Zeitungen
Eure Aufgabe:
Baut einen möglichst hohen Turm.
Dauer:
5 Minuten
Sieger ist:
Das Team gewinnt, das den höchsten Turm gebaut hat.

Wichtige soziale Kompetenzen beim Turmbau	☺	😐	☹
Aufgaben gemeinsam lösen			
sich mit anderen absprechen			
Aufgaben freiwillig für andere übernehmen			
die Meinungen anderer akzeptieren			
den Teampartnern zuhören			
Verantwortung übernehmen			
Regeln einhalten			
Schwächere unterstützen			
jeden zu Wort kommen lassen			
Kritik vertragen können			
die Teampartner anschauen			
eigene Ideen vor anderen Personen vertreten			
Stress aushalten können			

4 Überlegt nach dem Spiel, ob eure Erwartungen gestimmt haben.

Konflikte

Im Zusammenleben von Menschen kommt es zu Konflikten. Das ist völlig normal. Oft reicht es aus, wenn wir Missverständnisse aufklären oder andere Meinungen einfach akzeptieren.

①

Info

Konfliktfähigkeit

Konfliktfähig sein heißt:
→ Wir geben uns Mühe, dass ein kleiner Streit nicht immer heftiger wird.
→ Wir versuchen, eine Lösung zu finden.
→ Wir akzeptieren andere Meinungen.
→ Wir beleidigen oder verletzten niemanden.
→ Wir können Kritik vertragen.
→ Wir äußern unsere Meinung sachlich.
→ Wir versuchen, den anderen zu verstehen.
→ Wir wissen, dass Konflikte manchmal wichtig sind und haben dann keine Scheu.

1 Sprecht darüber, welche der Tipps und Regeln bei einem Streit helfen können. Findet geeignete Worte um die Situation auf dem Bild ① zu klären.

Kommunikation

Zur Kommunikation gehört alles, was du zu jemandem sagst, zum Beispiel:

- Fragen zu stellen oder zu beantworten
- deine Meinung zu äußern
- über etwas zu berichten
- über Gefühle zu sprechen

②

Wichtig ist auch, dass du zuhörst, wenn andere reden.
Zur Kommunikation gehört auch alles, was du ohne Worte anderen Menschen mitteilst, zum Beispiel durch Gesten und durch deine Mimik.
In der Berufswelt bedeutet **Kommunikationsfähigkeit**, dass du dich gut verständlich machen kannst. Dazu gehört auch, dass du andere richtig verstehst. Beachte einige Regeln und Tipps. So kannst du deine Kommunikation verbessern und Missverständnisse vermeiden.

Tipp

Tipps und Regeln für die Kommunikation

- Begrüße andere Menschen, wenn du sie triffst.
- Sprich deutlich.
- Schau deine Gesprächspartner während des Gesprächs an.
- Lass den anderen aussprechen.
- Sprich in normaler Lautstärke.
- Frage nach, wenn du etwas nicht verstanden hast.
- Formuliere in Konflikten Sätze in der „Ich-Form“.
- Höre deinem Gesprächspartner zu.
- Verabschiede dich am Ende eines Gesprächs.

2 Fertigt eine Tabelle mit den Überschriften „Kommunikation mit Worten“ und „Kommunikation ohne Worte“ an. Ordnet die Sätze aus dem Kasten den Spalten zu. Ergänzt in den Spalten eigene Aussagen, die ihr für wichtig haltet.

3 Überlegt euch in Gruppen Beispiele zur Kommunikation. Überlegt euch Szenen mit und ohne Sprache. Nutzt die Tipps und Regeln und spielt die Szenen euren Mitschülern vor.

Schätze deine sozialen Kompetenzen ein

1 Schätze dich selber ein und kreuze an.

	☺	😐	☹
Teamfähigkeit			
Ich löse Aufgaben mit anderen zusammen.			
Ich spreche mich bei gemeinsamer Arbeit mit den anderen ab.			
Ich übernehme Verantwortung in einem Team.			
Ich nehme die Ideen anderer Personen an.			
Hilfsbereitschaft			
Ich übernehme freiwillig auch unbeliebte Aufgaben für andere.			
Ich unterstütze andere Menschen, zum Beispiel Mitschüler beim Lernen.			
Wenn jemand ein Problem hat, überlege ich, wie ich helfen kann.			
Konfliktfähigkeit			
Bei einem Konflikt kann ich meinen Standpunkt klar formulieren.			
In Konfliktgesprächen bleibe ich ruhig und höre den anderen zu.			
Ich nehme Kritik an und entschuldige mich für meine Fehler.			
Ich kenne Lösungsmöglichkeiten für Konflikte und löse Konflikte sachlich.			
Einfühlungsvermögen			
Ich erkenne die Gefühle anderer Personen, ohne dass sie mir etwas sagen.			
Wenn jemand in einer schwierigen Lage ist, dann bemerke ich das.			
Ich verstehe, wenn Menschen in einer extremen Stimmung sind und kann damit umgehen.			
Ich nehme Rücksicht, wenn es anderen nicht gut geht.			
Respektvoller Umgang			
Ich behandle andere mit Respekt und erwarte, dass man mit mir respektvoll umgeht.			
Ich gehe mit allen Menschen unvoreingenommen und höflich um.			
Ich gehe respektvoll mit dem Eigentum anderer um.			
Ich erkenne an, dass andere Menschen eine eigene Persönlichkeit haben.			
Kommunikationsfähigkeit			
Ich drücke mich sprachlich gut aus.			
Ich kann gut mit anderen Menschen ins Gespräch kommen.			
Ich höre aufmerksam zu, wenn andere reden.			

Webcode
SDL-32683-104
Vorlage:
Meine sozialen Kompetenzen

2 Auch deine sozialen Kompetenzen verändern und entwickeln sich. Schätze dich nach einem Schuljahr noch einmal ein.

3 Überlege gemeinsam mit einem Partner oder einer Partnerin, was sich geändert hat.

4 Überlege und entscheide, welche Fähigkeiten du ab sofort verbessern möchtest.

Ein Profil erstellen

Du hast viel über deine Interessen und deine Wünsche, aber auch über deine Kompetenzen und deine Schwächen nachgedacht. Auf dieser Seite kannst du dein Profil erstellen.

Ein Profil ist eine Zusammenfassung deiner Kompetenzen, deiner Gedanken und deiner Potenzialanalyse. Das Profil soll dir bei der Berufsorientierung helfen.

Mein Profil

Diese Schulfächer liegen mir ganz besonders:

→ ______________________

→ ______________________

→ ______________________

Das sind meine drei besten methodischen Kompetenzen:

→ ______________________

→ ______________________

→ ______________________

Das sind meine drei besten sozialen Kompetenzen:

→ ______________________

→ ______________________

→ ______________________

Das sind meine drei besten persönlichen Kompetenzen:

→ ______________________

→ ______________________

→ ______________________

Diese Fähigkeiten möchte ich gerne verbessern:

→ ______________________

→ ______________________

Das mache ich einfach gerne:

→ ______________________

→ ______________________

Diesen Beruf würde ich gerne einmal näher kennenlernen:

→ ______________________

Berufe und Berufsfelder

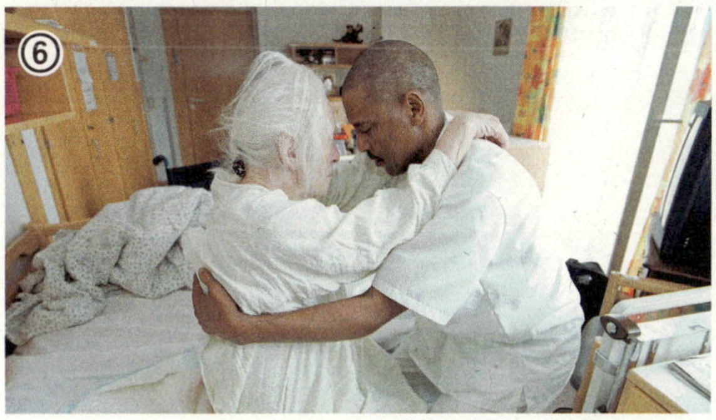

Es gibt zahlreiche Berufe. In diesem Kapitel wirst du viel Neues über Berufe erfahren.

1. Überlegt gemeinsam, wie die Berufe auf dieser Seite heißen.
2. Notiere die Berufsbezeichnung unter die Fotos.

Informationen über Berufe sammeln

Nino befragt seine Tante Magdalena zu Ihrem Beruf.

Wie heißt dein Beruf?

Ich arbeite als Kauffrau im Einzelhandel in einem Supermarkt. Du kannst auch sagen als Verkäuferin.

Was musst du da machen?

Verschiedene Arbeiten: Kunden beraten, kassieren, Ware etikettieren und einräumen – und vieles mehr.

Wo arbeitest du die meiste Zeit?

Ich arbeite meistens an der Kasse oder an der Käsetheke. Manchmal nehme ich draußen neue Waren in Empfang.

Womit arbeitest du? Welche Arbeitsmittel sind wichtig?

Besonders wichtig ist die Kasse. Mit einer Waage arbeiten wir an der Käsetheke. Zum Auspacken der neuen Waren haben wir ein Messer.

Welche Besonderheiten gibt es in dem Beruf?

Wir müssen immer freundlich und höflich sein. Sonst kommen die Kunden nicht wieder.

1 Markiere die wichtigen Begriffe bei den Antworten von Tante Magdalena.

2 Befrage selbst jemanden nach seinem/ihrem Beruf. Notiere die Antworten in Stichworten.

Name des/der Befragten:	______________________
Wie heißt Ihr Beruf?	______________________
Was müssen Sie da machen?	______________________
Wo arbeiten Sie die meiste Zeit?	______________________
Womit arbeiten Sie? Welche Arbeitsmittel sind wichtig?	______________________ ______________________
Welche Besonderheiten hat der Beruf?	______________________

3 Stelle deinen Mitschülerinnen und Mitschülern den Beruf vor.

Das BIZ der Agentur für Arbeit

BIZ ist die Abkürzung für **B**erufs**i**nformations**z**entrum. Bei jeder Agentur für Arbeit gibt es ein BIZ. Auch bei dir ganz in der Nähe. Hier bekommst du viele Hilfen und Tipps, die für deine Berufswahl nützlich sind. Zum Beispiel bekommst du im BIZ wichtige Informationen über alle Berufe, die es gibt. Außerdem gibt es dort Mitarbeiterinnen und Mitarbeiter, denen du Fragen stellen kannst und die dir weiterhelfen. Ihr solltet das BIZ einmal besuchen.

Die Adresse unseres BIZ ist:

Straße: ______________________________

Postleitzahl: __________________________

Ort: _________________________________

1 Notiere, wie du das BIZ nutzen kannst. ____

____

Webcode SDL-32683-201 Arbeitsblatt Berufswahl

planet-beruf.de
Viele Ideen für deine Berufswahl und Informationen über Berufe findest du im Internet auf der Seite www.planet-beruf.de

Und so gehst du vor:
1. Gib die Adresse ein: www.planet-beruf.de

2. Klicke auf das Bild mit der Unterschrift: **Mein Beruf**

3. Jetzt klicke auf das Bild mit der Unterschrift: **Berufe A bis Z**
Hier findest du alle Berufe in alphabetischer Reihenfolge. Zu vielen Berufen gibt es einen Film.

2 Sieh dir den Film zu einem Beruf an. Beantworte die Fragen in Stichworten.

a) Wähle einen Beruf aus. Notiere die Berufsbezeichnung.

____

b) Was muss man in dem Beruf tun?

____

c) Wo wird gearbeitet?

____

d) Womit wird gearbeitet?

____

e) Welche Fähigkeiten sind wichtig?

____

Tipp: Hier findest du weitere Informationen über Berufe: https://berufenet.arbeitsagentur.de

Was ist ein Berufsfeld?

Nico interessiert sich für den Beruf des Fliesenlegers. Sein Vater übt diesen Beruf aus. Nico durfte schon bei der Erneuerung ihres Badezimmers mithelfen. Er hat die neuen Fliesen in die Wohnung geschleppt und seinem Vater Werkzeuge angereicht. Die Arbeit war anstrengend, laut und schmutzig, aber Nico hat es trotzdem gefallen. Denn als Fliesenleger/-in braucht man handwerkliches Geschick und muss sehr sorgfältig arbeiten. Genau das sind Nicos Stärken.

Ich würde gerne ein Praktikum als Fliesenleger machen. Leider finde ich in diesem Jahr keine freie Stelle.

Es gibt einige Berufe, die ähnlich sind. Sie gehören auch zum **Berufsfeld Bau**. Dort kannst du viele Erfahrungen machen, die für einen Fliesenleger wichtig sind.

Nico sucht in der neuen Ausgabe von **„Beruf aktuell"** nach Berufen aus dem Berufsfeld Bau. Danach schaut er sich noch den Überblicksfilm zu diesem Berufsfeld auf planet-beruf.de an.

Webcode
SDL-32683-201
Arbeitsblatt
Berufswahl

Maler/-in und Lackierer/-in

Bodenleger/-in

Trockenbaumonteur/-in

2 Notiere weitere Berufe aus dem Berufsfeld Bau.

___

___

1 Welche der folgenden Sätze passen zum Berufsfeld Bau? Kreuze an.

2 Schreibe in das leere Feld unten einen weiteren Satz, der zum Berufsfeld Bau passt.

Im Berufsfeld Bau ...	**stimmt**	**stimmt nicht**
ist es nicht so wichtig, freundlich und höflich zu sein.		
muss man sich auf die Kolleginnen und Kollegen verlassen können.		
lernt man, gut mit Werkzeugen und Maschinen umzugehen.		
arbeitet man hauptsächlich allein.		
kann die Arbeit körperlich sehr anstrengend sein.		
hat man manchmal direkten Kontakt zu Kunden.		
sollte man gut rechnen können.		
sollte man gut putzen und sauber machen können.		
gibt es wenig Sicherheitsvorschriften.		
sollte man jeden Tag vornehm gekleidet zur Arbeit kommen.		
ist eine sehr sorgfältige Arbeitsweise wichtig.		
dürfen nur Männer arbeiten.		
...		

3 Sprecht über eure Antworten und begründet sie.

4 Kannst du dir vorstellen, im Berufsfeld Bau ein Praktikum zu machen? Kreuze an und beende den Satz, der zu dir passt.

☐ Ja, als ______________________________ (Beruf)

Meine Gründe: ______________________________

____

☐ Nein, weil ich ...

____

____

☐ Ich weiß noch nicht genau. Ich möchte ...

____

Tipp

Sieh dir dein Profil auf S. 22 noch einmal an.

Das Berufsfeld „Dienstleistung“

Gebäudereiniger/-in

Beiköchin/Beikoch

Straßenwärter/-in

❶ Schreibe mindestens fünf weitere Berufe aus dem Bereich Dienstleistung auf. Nutze dafür „Beruf aktuell“ und planet-beruf.de

____

____

❷ Markiere fünf Fähigkeiten mit einem farbigen Stift, die im Berufsfeld Dienstleistung besonders wichtig sind.

- beraten können
- Ausdauer haben
- geduldig sein
- Körperkraft haben
- sorgfältig arbeiten
- gut reden können
- technisches Verständnis haben
- lange stehen können
- höflich sein

Info

Was heißt Dienstleistung?
Eine Köchin bereitet unser Essen zu.
Ein Gebäudereiniger sorgt für Sauberkeit und Hygiene. Eine Schornsteinfegerin prüft und reinigt die Schornsteine.
Alle diese Berufe erbringen Dienstleistungen. Mit Dienstleistungen werden die Wünsche und Bedürfnisse von Kunden erfüllt. In diesen Berufen wird nichts hergestellt oder gebaut wie zum Beispiel in einer Autofabrik.
Es gibt sehr unterschiedliche Berufe im Bereich Dienstleistung. Dort arbeiten viele Millionen Menschen und es gibt zahlreiche Ausbildungsplätze und offene Stellen.

❸ a) Notiere eine wichtige Fähigkeit. ____________________

b) Gib ein Beispiel, wann diese Fähigkeit wichtig ist. ____________________

____

❹ Kannst du dir vorstellen, im Berufsfeld „Dienstleistung“ ein Praktikum zu machen? Kreuze an und nenne deine Gründe.

☐ Ja, als ____________________ ☐ Nein ☐ Ich weiß noch nicht.

Meine Gründe: ________________________________

____

Im Berufsfeld „Soziales“ wird für und mit Menschen gearbeitet. So benötigen viele alte und kranke aber auch körperbehinderte Menschen Unterstützung und Pflege.
Zu diesem Berufsfeld gehören zudem alle Berufe, die sich um die Förderung und Betreuung von Kindern und Jugendlichen kümmern.

Im diesem Berufsfeld brauchst du eine ganz besondere Kompetenz: **Empathie.** Finde im Lexikon ein anderes Wort dafür:

____

Altenpfleger/-in

Erzieher/-in

1. Markiere fünf Fähigkeiten, die du für die Arbeit mit alten Menschen für besonders wichtig hältst.

2. Notiere darunter zwei weitere Fähigkeiten, die im Berufsfeld „Soziales“ wichtig sind.

mit Krankheiten umgehen	Menschen beraten	geduldig sein	Empathie haben
Stress aushalten	Ideen haben	Lautstärke aushalten	bei Körperpflege helfen
Spiele leiten	für Ordnung sorgen	Betten machen	sich gut ausdrücken können
Streit schlichten	im Team arbeiten	hilfsbereit sein	jemandem etwas beibringen

1. ___________________ 2. ___________________

3. Erkläre deinen Mitschülerinnen und Mitschülern jeweils eine dieser Fähigkeiten. Begründe, warum du diese Fähigkeit im Berufsfeld „Soziales“ für wichtig hältst.

4. Kannst du dir vorstellen, im Berufsfeld „Soziales“ ein Praktikum zu machen? Kreuze an und nenne deine Gründe.

☐ Ja, als ___________________ ☐ Nein ☐ Ich weiß noch nicht.

Meine Gründe: ___________________

____

Weitere Berufsfelder

Berufsfeld Landwirtschaft, Natur, Umwelt

Berufsfeld Metall, Maschinenbau

Berufsfeld Produktion, Fertigung

1 Entscheide dich für eines dieser Berufsfelder und sammle Informationen im Internet und mithilfe von anderen Materialien.

Weitere Berufsfelder sind zum Beispiel:
- Verkehr/ Logistik
- Elektro
- Verwaltung/ Wirtschaft (z. B. Handel)
- Technik

2 Notiere deine Ergebnisse in Stichworten.

a) Name des Berufsfeldes: ______________________________

b) Drei Berufe des Berufsfeldes: ______________________________

____

c) Typische Arbeiten (Was?): ______________________________

____

d) Typische Arbeitsorte (Wo?): ______________________________

____

e) Typische Arbeitsmittel (Womit?): ______________________________

____

f) Worauf kommt es an? ______________________________

____

3 Tragt eure Ergebnisse euren Mitschülerinnen und Mitschülern vor.

4 Kannst du dir vorstellen, in einem dieser Berufsfelder ein Praktikum zu machen?

☐ Ja, im Berufsfeld ______________________ ☐ Nein ☐ Ich weiß nicht.

Meine Gründe:

____

Stellenangebot
Ausbildung zum/zur Fahrzeuglackierer/-in
Bewerbungen unter …

Stellenangebot
Ausbildung zur Fachkraft für Lagerlogistik (m/w)
Bewerbungen online unter …

Info

Männerberuf – Was ist das?
In allen Berufen können auch Frauen arbeiten. In einigen Berufen arbeiten mehr Männer als Frauen. Man spricht von Männerberufen, wenn ihr Anteil über 80% liegt.
In den letzten Jahren lernen und arbeiten zunehmend auch Mädchen und Frauen in solchen Männerberufen, zum Beispiel:
– als Bäckerin
– als Malerin und Lackiererin
– als Tischlerin
und in vielen anderen Berufen.

1 Betrachtet die Stellenanzeigen. Beschreibt, was euch auffällt.

2 Sucht weitere Angebote für Ausbildungsplätze und Stellenanzeigen. Prüft, ob es Unterschiede gibt.

Was ist der Girls'Day?

An diesem Tag können alle Mädchen ab der fünften Klasse in einen Beruf hineinschnuppern. Dann laden Betriebe Schülerinnen für einen Praktikumstag ein. Das Besondere dabei ist: Mädchen können typische „Männerberufe" kennen lernen, zum Beispiel Kfz-Mechatroniker/-in, Metallbauer/-in und viele mehr.

Gibt es auch einen Boys'Day?

Aber sicher. Die Jungen können an einem Tag im Jahr Berufe kennenlernen, in denen besonders viele Frauen arbeiten. Zum Beispiel: Erzieher/-in oder Altenpfleger/-in.

Wir suchen immer geeignete Bewerber und Bewerberinnen. Bei uns in der Werkstatt arbeiten bereits zwei Frauen. Sie arbeiten genauso gut wie alle anderen.

Es ist toll, dass es den Girls´Day gibt. Ich wollte schon immer mal sehen, wie es in einem handwerklichen Beruf abläuft.

3 Sammelt weitere Informationen über den Girls'Day und den Boys'Day.

4 Überlegt, wie ihr diesen Tag für euch nutzen könnt.

Unterschiedliche Praktika in Betrieben

Traut euch, Girls und Boys!

Manche Praktika dauern nur einen Tag. Dort bekommst du einen kleinen Einblick in einen Beruf und kannst dann überlegen: Ist dieser Beruf etwas für mich?
In anderen Praktika arbeitest du regelmäßig jeweils einen oder zwei Tage in der Woche. Hier bekommst du einen tieferen Einblick und kannst deine eigenen Fähigkeiten prüfen.
Und es gibt Blockpraktika. Hier arbeitest du mehrere Wochen in einem Betrieb. Du kannst dabei lernen und dich beweisen.
Denk daran: Bei deinen Praktika kannst du wichtige Kontakte für deine Zukunft knüpfen.

Wir erkunden Berufe in einem Betrieb

1 Auch ein Bild kann viele Informationen enthalten. Sprecht darüber, was ihr hier über die Arbeit in einer Großbäckerei erfahrt.

2 Plant eine Betriebsbesichtigung, um Informationen über Berufe zu sammeln.

So geht ihr vor:

1. Schritt: Vorbereitung der Berufserkundung

Bevor ihr in den Betrieb fahrt, müssen einige wichtige Aufgaben erledigt werden.

a) Überlegt gemeinsam: Wer erledigt welche Aufgabe?

Was muss vorbereitet werden?	*Wer übernimmt die Aufgabe?*
Betriebe anrufen und einen Termin vereinbaren	Das übernimmt unsere Lehrkraft
Anfahrt organisieren (Bus, Bahn, zu Fuß) und die Kosten für die Hin- und Rückfahrt ausrechnen	
Schon vorher viele Informationen über den Betrieb sammeln, zum Beispiel im Internet	
Verhaltensregeln für die Betriebsbesichtigung überlegen	
Fragen an die Mitarbeiter des Betriebes überlegen und aufschreiben	
Entscheiden, wer von euch die Antworten aufschreiben wird	
Entscheiden, wer von euch Fotos macht	

b) Bildet Gruppen und bearbeitet die Aufgaben. Notiert eure Ergebnisse.

c) Stellt eure Ergebnisse euren Mitschülerinnen und Mitschülern vor.

Tipp

Fotografieren
Fragt im Betrieb, ob ihr Fotos machen dürft.

Tipp

Tipps für eure Fragen
Ihr habt zwei Möglichkeiten:

1. Erstellt einen Fragebogen.
Listet eure Fragen auf und lasst genügend Platz für die Antworten.

oder:

2. Schreibt jeweils eine Frage auf eine Karteikarte.

→ Entscheidet anschließend, wer welche Frage stellen wird.
→ Bringt eine feste Unterlage und einen Stift zum Schreiben zur Betriebsbesichtigung mit.

So könnte ein Fragebogen aussehen:

Name des Betriebes: ____________

Wie viele Mitarbeiter arbeiten hier?

____

In welchen Berufen arbeiten sie?

____

Nehmen Sie auch Praktikanten?

____

2. Schritt: Durchführung der Berufserkundung

Es ist soweit. Ihr macht eure Betriebserkundung. Denkt daran, was ihr euch bei eurer Planung vorgenommen habt.

3 Eine Person auf den Bildern verhält sich falsch. Erkläre, warum.

____

____

3. Schritt: Auswertung der Berufserkundung

4 Erstellt ein Plakat.

a) Schreibt darauf alles, was ihr über den Betrieb und die Berufe erfahren habt.

b) Klebt Bilder dazu, zum Beispiel eure Fotos oder Ausdrucke von der Internetseite des Betriebes.

c) Schreibt in einer anderen Farbe eure Meinung über diese Berufe dazu.

d) Stellt eure Ergebnisse einer anderen Klasse vor.

Tipp

Am Ende der Betriebserkundung
Die Mitarbeiter des Betriebes haben sich extra Zeit für euch genommen. Schreibt einen Dankesbrief dafür.

Kompakt

1 Notiere vier Quellen, wo du dich über Berufe informieren kannst.

1 ______________________________

2 ______________________________

3 ______________________________

4 ______________________________

2 In diesem Rätsel sind ein Berufsfeld und ein Beruf hervorgehoben. Es sind noch fünf weitere Berufsfelder und fünf weitere Berufe versteckt. Markiere sie.

D	S	O	Z	I	A	L	E	S	M	T
I	N	W	L	G	U	X	D	B	A	U
E	**M**	**E**	**T**	**A**	**L**	**L**	X	A	P	A
N	Z	T	G	I	V	C	H	L	R	G
S	D	A	K	O	C	H	K	T	O	L
T	A	N	Q	V	**K**	A	J	E	D	Z
L	C	K	V	G	**L**	B	G	N	U	Y
E	H	W	E	L	**E**	L	P	P	K	W
I	D	A	R	Z	**M**	T	A	F	T	I
S	E	R	K	D	**P**	K	Z	L	I	G
T	C	T	E	A	**N**	W	L	E	O	H
U	K	I	H	P	**E**	I	T	G	N	B
N	E	N	R	S	**R**	E	P	E	X	O
G	R	Y	B	Ä	C	K	E	R	I	N

Tipp

Die Anfangsbuchstaben der Berufsfelder sind: D, S, B, V, P.

Die Anfangsbuchstaben der Berufe sind: K, D, T, B, A.

3 Finde heraus, welcher Beruf zu welchem Berufsfeld passt.

4 Eine Verwandte von dir arbeitet in einem Beruf, der dich interessiert. Bei einem Familientreffen kannst du ihr zwei Fragen dazu stellen. Welche?

1 ______________________________

____

2 ______________________________

____

Bewerbung für ein Praktikum

In einigen Monaten beginnt mein Praktikum. Darauf freue ich mich, aber vorher gibt es noch Einiges zu tun.

Es ist ein tolles Gefühl, wenn du ein erfolgreiches Praktikum machst. Damit auch wirklich alles gut geht, solltest du schon bei der Bewerbung einige wichtige Dinge beachten.

1. Jwan hat die einzelnen Schritte ihrer Praktikumsvorbereitung fotografiert. Beschreibt, was sie auf den einzelnen Fotos gerade macht.

2. Schreibt eure Ideen in Stichworten auf farbige DIN A4-Blätter und heftet sie an eine Wand im Klassenraum.

3. Überlegt euch weitere nützliche Tipps für eure Praktikumsvorbereitung.

Warum ist ein Praktikum so wichtig?

Alle Schülerinnen und Schüler müssen Praktika machen, egal auf welcher Schule sie sind. Es gibt viele Gründe, warum ein Praktikum eine so große Bedeutung hat. Lies selbst, was unterschiedliche Menschen dazu sagen.

1 Unterstreiche bei den Aussagen jeweils die wichtigen Begriffe, die begründen, warum ein Praktikum wichtig ist.

Die meisten meiner Schüler wissen mit 14 oder 15 Jahren noch nicht, welcher Beruf der richtige für sie ist. Im Praktikum können sie etwas über ihre eigenen Fähigkeiten und Interessen lernen.

①

Aus Erfahrung als Berufsberater weiß ich: Viele Betriebe stellen nur Leute ein, die bei ihnen schon mal ein oder mehrere Praktika gemacht haben.

②

Meine Tochter soll später auf eigenen Beinen stehen. Dafür soll sie erst einmal ausprobieren, welcher Beruf ihr liegt und welcher nicht.

③

Bei einem Praktikum in unserem Betrieb kann ich am besten sehen, ob ich mich auf jemanden verlassen kann. Und natürlich, ob er oder sie für den Beruf geeignet ist.

④

In der Schule können wir über die Probleme beim Praktikum sprechen. Dann wissen die Jugendlichen später besser, wie sie mit schwierigen Situationen umgehen können.

⑤

Endlich mal etwas anderes als Schule! Ich bin schon aufgeregt. Ich möchte beweisen, dass ich ein gutes Praktikum machen kann.

⑥

2 Befrage eine Person, die schon in einem Beruf arbeitet oder eine Ausbildung macht.

3 Notiere die Antwort der befragten Person.

Tipp

Tipp für die Befragung
Stelle der Person die folgende Frage:
„Was hat dir dein Praktikum gebracht?“

Name: ____________________ Alter: _____ Beruf: ________________________

Antwort:

____

____

Wie finde ich einen geeigneten Betrieb?

1. Überlege, was zu einem gut geeigneten Praktikumsbetrieb gehört. Kreuze an.

2. Ergänze in den freien Feldern, was du sonst noch für wichtig hältst.

	ja	nein
In dem Betrieb lerne ich viele Abläufe kennen.		
Zu diesem Betrieb habe ich einen kurzen Anfahrtsweg.		
Dort kann ich in meinem Traumberuf Erfahrungen sammeln.		
Der Abteilungsleiter kümmert sich intensiv um die Praktikanten.		
Dort muss man als Praktikant/-in nicht viel arbeiten.		
Wichtig ist ein Betrieb, in dem die Arbeit nicht so früh beginnt.		
Der Betrieb bietet jedes Jahr Ausbildungsplätze an.		

3. Begründe deine Einschätzungen.

Und so gehst du bei der Suche nach einer guten Praktikumsstelle vor:

① Überlege, welcher **Beruf** oder welches Berufsfeld dich interessiert. Denke an dein Profil (Seite 22 in diesem Heft).

② Finde heraus, wo es passende **Betriebe** gibt. Frage Lehrkräfte, Verwandte, Bekannte. Suche im Internet.

4. Notiere die Daten eines Betriebes, der für dich interessant sein könnte.

Name des Betriebs: ______________________________

Straße: ______________________ Hausnummer: ________

Postleitzahl: ____________ Ort: ______________________

Telefonnummer: ______________ E-Mail: ______________

Name des Ansprechpartners (falls bekannt): ______________

Sonstiges: ______________________________

Webcode
SDL-32683-301
Kurzinfo Betrieb

5. Überlegt, was dieses Sprichwort im Zusammenhang mit der Suche einer Praktikumsstelle bedeutet.

Der frühe Vogel fängt den Wurm.

Wie nehme ich Kontakt zu einem Betrieb auf?

Wenn du weißt, in welchen Betrieben du dir ein Praktikum vorstellen kannst, dann musst du Kontakt aufnehmen. Hierzu gibt es verschiedene Möglichkeiten:

Ist es möglich, bei Ihnen ein Praktikum zu machen?

persönliches Gespräch

Guten Tag. Ich heiße Tim Wahl. Ich habe eine Frage zu einem Praktikum.

Telefonanfrage

Mein Neffe möchte ein Praktikum im Bereich Verkauf machen. Ist das in unserem Geschäft möglich?

Fürsprecher nutzen

1. Überlegt, welche Vor- und Nachteile die einzelnen Möglichkeiten haben.

Bei einem persönlichen Vorstellungsgespräch kommt es immer auf diese Details an:

1. Freundliche Begrüßung
2. Mit Namen vorstellen
3. Sagen, was dein Anliegen ist
4. Wichtige Termine nennen
5. Fragen höflich beantworten
6. Nachfragen, wenn etwas unklar ist
7. Sich für das Gespräch bedanken
8. Freundliche Verabschiedung

2. Überlegt euch gute und passende Formulierungen für die acht Punkte.

3. Nach jedem Bewerbungsgespräch solltest du die wichtigsten Informationen notieren. Nutze dafür diesen Protokollzettel.

Webcode
SDL-32683-302
Vorlage Kurzprotokoll

Kurzprotokoll

Name des Betriebs: ____________________

Name des Ansprechpartners: ____________________

Ist ein Praktikum möglich? ☐ Ja ☐ Nein

Wenn, ja: Was ist zu noch zu tun?

→ Welche Unterlagen fehlen noch? ____________________

→ Was ist der nächste Schritt? ____________________

Wann? ____________________

→ Besonderheiten/Stichworte: ____________________

Ich mache eine Telefonanfrage

1 Sergey geht in die achte Klasse der Comeniusschule. Überlegt, wie Sergeys Anfrage für eine Praktikumsstelle bei einer Bäckerei weiter verlaufen könnte.

Tipp
Überlegt vorher, was euer Gesprächspartner wissen möchte.

 Guten Tag. Mein Name ist Sergey Schneider.	Großbäckerei Willems. Meier am Apparat. Guten Tag. Was kann ich für dich tun? 
Sergey: ______________________ ______________________ ?	→ Grundsätzlich geht das. Wann genau soll das Praktikum sein?
Sergey: ______________________ ______________________ ?	→ Das ist möglich. Und in welche Klasse und in welche Schule gehst du?
Sergey: ______________________ ______________________ .	→ Verstanden. Hast du noch Fragen?
Sergey: ______________________ ______________________ ?	→ Auf jeden Fall. Wir brauchen einen Lebenslauf und ein kurzes Bewerbungsschreiben und eine Bescheinigung von der Schule. Komm doch persönlich vorbei.
Sergey: ______________________ ______________________ ?	→ Moment, ich muss im Terminkalender nachsehen. Hast du morgen um 15:00 Uhr Zeit?
Sergey: ______________________ .	→ Gut. Also dann bis morgen. Auf Wiederhören, Sergey.
Sergey: ______________________ .	

2 Bildet Teams und erfindet ein telefonisches Bewerbungsgespräch für einen Praktikumsplatz. Spielt euren Mitschülerinnen und Mitschülern euer Gespräch vor.

3 Besprecht anschließend, was gut war und was noch verbessert werden kann.

Der Lebenslauf

Wenn du dich auf einen Praktikumsplatz oder einen Ausbildungsplatz bewirbst, schreibst du einen Lebenslauf. In einen Lebenslauf gehören:

Persönliche Daten   Schulbildung   Praktika und Arbeitserfahrungen

Außerschulischen Kenntnisse und Interessen

Lebenslauf

Persönliche Daten

Name:	Laura Neumann
Anschrift:	Igelstraße 13 53111 Bonn
Telefon:	0176/2721311
Mail:	L.Neumann13@web.de
Geburtsdatum:	14.03.2005
Geburtsort:	Siegburg

Schulbildung

2011 – 2014:	Löwenzahn-Grundschule, Köln
2014 – 2015:	Gemeinschaftsgrundschule, Bonn
ab 2015:	Goetheschule, Förderschule der Stadt Bonn
voraussichtlicher Schulabschluss:	Förderschulabschluss (2021)
Lieblingsfächer:	Deutsch, Sport

Praktika und Arbeitserfahrungen

04/2019	Arbeitserprobungstag Bäckerei Dörfer
07/2019	Arbeitserprobungstag Frisör Haarwerk

Außerschulische Kenntnisse und Interessen

Kenntnisse:	Grundkenntnisse Textverarbeitung
Hobbys:	Schülerband, freiwillige Feuerwehr

Bonn, 06.08.2019

Laura Neumann

Achte beim Schreiben eines Lebenslaufes immer auf folgende Punkte:

→ Sind alle Angaben vollständig und aktuell?
→ Hat jemand die Rechtschreibung kontrolliert?
→ Steht das aktuelle Datum im Lebenslauf?
→ Ist der Lebenslauf unterschrieben?

?

1 Sammle deine eigenen Daten und Angaben und trage sie ein.

Persönliche Daten	
Vorname Name:	
Anschrift (Straße):	
Anschrift (PLZ Ort):	
Telefon:	
E-Mail:	
Geburtsdatum:	
Geburtsort:	

Tipp
Nutze die Seite 10 in diesem Arbeitsheft beim Ausfüllen.

Schulbildung	
________ - ________	
________ - ________	
________ - ________	
________ - ________	
voraussichtlicher Schulabschluss:	
Lieblingsfächer:	

Tipp
Wenn du dir unsicher bist, kannst du deine Lehrkraft nach deinen bisherigen Schulen fragen.

Praktika und Arbeitserfahrungen	
________ / ________	
________ / ________	
________ / ________	

Tipp
Lass diesen Punkt weg, wenn du noch keine Arbeitserfahrungen gemacht hast.

Außerschulische Kenntnisse und Interessen	
Kenntnisse:	
Interessen/ Hobbys:	

Tipp
Nutze die Seite 11 in diesem Arbeitsheft beim Ausfüllen.

Webcode
SDL-32683-303
Vorlage Lebenslauf

2 Schreibe deinen Lebenslauf am PC. Lade dir dazu die Vorlage herunter. Speichere deinen fertigen Lebenslauf anschließend auf deinem USB-Stick.

Das Bewerbungsschreiben

Neben einem Lebenslauf gehört auch das Bewerbungsschreiben zu einer vollständigen schriftlichen Bewerbung. Für das Bewerbungsschreiben gelten einige wichtige Regeln für die Gestaltung und den Inhalt.

So kann das Anschreiben für die Bewerbung um einen Praktikumsplatz aussehen.

> Tipp
>
> **Tipps für mein Bewerbungsschreiben**
> - nicht länger als eine Seite
> - nur eine Schriftart in Schriftgrad 11 oder 12
> - linksbündig
> - aktuelles Datum
> - handschriftlich unterschreiben
> - immer die Rechtschreibung prüfen lassen

Name und Anschrift	Laura Neumann Igelstraße 13 53111 Bonn 0176/2721311 L.Neumann13 @web.de
Name und Anschrift des Empfängers	Tier & Co. Zoostraße 32 53757 Sankt Augustin
Wohnort / Datum	Bonn, 06.08.2019
Betreff = ***fett***	**Bewerbung um einen Praktikumsplatz**
höfliche Anrede	Sehr geehrter Herr Löffler,
Klasse / Schule	zurzeit besuche ich die 8. Klasse der Fröbelschule, Förderschule der Stadt Bonn.
Wann? Wie lange?	Für den Zeitraum vom 16.09.2019 bis zum 04.10.2019 suche ich eine Stelle für mein dreiwöchiges Schülerbetriebspraktikum.
Gab es schon Kontakt?	Wie telefonisch mit Ihnen besprochen, sind Sie grundsätzlich bereit, Praktikanten in Ihrem Geschäft aufzunehmen.
Interessen und Stärken, die zum ausgewählten Praktikum passen.	Ich habe großes Interesse an unterschiedlichsten Haustieren, sowie deren Haltung und Pflege. Den Bereich Verkauf möchte ich näher kennenlernen. Zuverlässigkeit und ein offener und freundlicher Umgang mit anderen Menschen zählen zu meinen Stärken.
Bitte um einen Praktikumsplatz	Daher würde ich mich über die Gelegenheit freuen, mein Praktikum in Ihrem Betrieb absolvieren zu können.
Gruß	Mit freundlichen Grüßen
Unterschrift	*Laura Neumann*
Was gehört noch zur Bewerbung?	**Anlage**: Lebenslauf

❶ In einem Bewerbungsschreiben kommt es immer auf bestimmte Punkte an. Notiere hier wichtige Daten und Inhalte und wähle passende Formulierungen aus.

Name und Anschrift des Empfängers	______________________ ______________________ ______________________	
höfliche Anrede	Sehr geehrte Frau, … Sehr geehrter Herr, … Sehr geehrte Damen und Herren, …	oder oder
Klasse / Schule	zurzeit besuche ich die ____ Klasse der ______________ ______________________	
Wann? *Wie lange?*	Für den Zeitraum vom __________ bis zum __________ suche ich eine Stelle für mein dreiwöchiges Schülerbetriebspraktikum.	
Gab es schon Kontakt?	Wie telefonisch mit Ihnen vereinbart, sind Sie grundsätzlich bereit, Praktikanten in Ihrem Geschäft aufzunehmen.	oder
	Wie persönlich mit Ihnen besprochen, bewerbe ich mich hiermit für einen Praktikumsplatz in Ihrem Betrieb.	oder
	Wie ich (von Frau ______________ / Herrn ______________) erfahren habe, ist es möglich, in Ihrem Geschäft ein Praktikum zu machen.	
Interessen und Stärken, die zum ausgewähten Praktikum passen	Ich habe großes Interesse an ______________ ______________________	
	Zu meinen Stärken zählen ______________ ______________________	
	Ich habe schon Erfahrungen ______________ ______________________	

Webcode
SDL-32683-304
Vorlage Bewerbungsschreiben

❷ Lade dir die Vorlage für das Bewerbungsschreiben herunter. Schreibe dann mithilfe deiner Notizen auf dieser Seite ein eigenes Bewerbungsschreiben.

Die Bewerbung abschicken

Du hast deinen Lebenslauf, das Bewerbungsschreiben verfasst und deine Anlagen zusammengestellt und kopiert. Wie geht es nun weiter?

1 Kreuze an, welche Schritte du bereits erledigt hast.

☐ ① Drucke den Lebenslauf und das Bewerbungsschreiben aus. Zeige die Seiten einer Lehrkraft. Korrigiere danach alle gefundenen Fehler.

☐ ② Prüfe, ob alle deine Unterlagen vollständig sind. Falls du ein Praktikum schon erfolgreich absolviert hast, kopiere das Zeugnis.

☐ ③ Prüfe, ob alle deine Unterlagen ordentlich sind. Es darf keine Knicke oder Flecken geben. Mache notfalls neue Kopien.

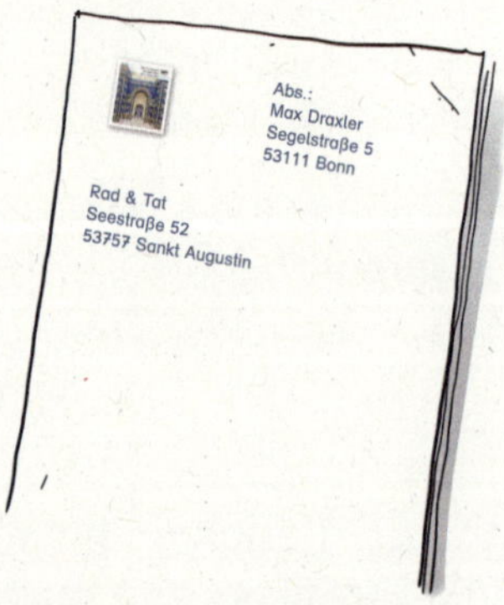

☐ ④ Adressiere einen DIN-A4-Briefumschlag korrekt. Frankiere den Briefumschlag ausreichend.

☐ ⑤ Füge alle Unterlagen geordnet in den Umschlag. Klebe ihn abschließend zu.

☐ ⑥ Bringe den Brief zur Post oder werfe ihn in einen Briefkasten.

Tipp

Tipps für das Abschicken der Bewerbung

Du kannst deine Bewerbungsunterlagen natürlich auch **persönlich** im Betrieb abgeben. Auch dabei kannst du einen guten Eindruck hinterlassen, wenn du höflich bist und angemessen gekleidet erscheinst.

Vielen Betrieben reicht heute eine **Online-Bewerbung.** Auch dabei ist es wichtig, dass alle deine Unterlagen vollständig und fehlerfrei sind. Lass sie immer von einer Lehrkraft Korrektur lesen, bevor du sie abschickst.

Nach einer oder mehreren Zusagen für deine Bewerbung solltest du immer einige Dinge beachten:

→ Bedanke dich für die Zusage.
→ Informiere deine Lehrkräfte über deine Praktikumsstelle.
→ Bestätige dem Betrieb, dass du das Praktikum machen wirst.
→ Falls du Zusagen von mehreren Betrieben hast, bedanke dich für die Chance. Gib allen Bescheid, bei denen du dein Praktikum nicht machen kannst.
→ Falls du aus einem wichtigen Grund das Praktikum nicht machen kannst, teile das dem Betrieb unbedingt sofort mit.
→ Sorge dafür, dass der Betrieb alle wichtigen Formulare erhält, zum Beispiel eine Bestätigung der Schule oder ein Gesundheitszeugnis. Dieses ist für manche Berufe notwendig.

Diese Bewerberin schien gut zu uns zu passen. Dass sie sich auf unsere Zusagen nicht mehr gemeldet hat, ist nicht in Ordnung. Wenn sie sich noch einmal bewirbt, dann ...

Denke vor dem ersten Arbeitstag an diese Dinge:

→ Finde heraus, welches der kürzeste und sicherste Weg zu deiner Praktikumsstelle ist.
→ Informiere dich über die Arbeitszeiten. Achte ganz besonders auf die genaue Zeit deines Arbeitsbeginns am ersten Praktikumstag.
→ Informiere dich darüber, wo genau du am ersten Arbeitstag beginnen sollst.
→ Frage deinen Ansprechpartner im Betrieb nach Besonderheiten, zum Beispiel nach der gewünschten Arbeitskleidung.

Tipp

Tipps für den Fall, dass du eine Absage erhältst
Eine Absage ist nicht schön, aber auch kein Beinbruch. Wichtig ist, dass du schnell reagierst und nach anderen Möglichkeiten suchst:
→ Frage bei den anderen Betrieben nach, bei denen du dich beworben hast.
→ Überlege, bei welchen anderen Betrieben du wegen einer Praktikumsstelle nachfragen kannst.
→ Überlege, ob du in diesem Jahr vielleicht doch einen anderen Beruf kennenlernen möchtest.

1 Sammelt weitere Tipps, wie ihr mit einer Absage umgehen könnt.

___

___

___

Kompakt

1 Hake ab, welche dieser Schritte du schon erledigt hast.

Checkliste: Bewerbung für eine Praktikumsstelle	erledigt
Ich habe bereits Informationen über verschiedene Berufe gesammelt.	☐
Ich weiß, was ein Berufsfeld ist.	☐
Ich habe über meine Stärken und Schwächen nachgedacht.	☐
Ich habe darüber nachgedacht, was ich gerne mache.	☐
Ich habe entschieden, in welchem Berufsfeld ich mein nächstes Praktikum machen möchte.	☐
Ich habe mit anderen Menschen (Lehrkräften, Eltern, Bekannten) gesprochen, um mich über interessante Betriebe in meiner Umgebung auszutauschen.	☐
Ich habe mir im Internet passende Betriebe angesehen.	☐
Ich habe mich auf anderen Wegen über passende Betriebe informiert: Auf diese Weise: ________________________________	☐
Ich habe die Adressen von mehreren interessanten Betrieben herausgesucht und aufgeschrieben.	☐
Ich habe zu den Betrieben Kontakt aufgenommen:	☐
• persönlich	☐
• telefonisch	☐
• indirekt über andere (Lehrkräfte, Eltern, Bekannte)	☐
Ich habe einen Lebenslauf geschrieben.	☐
Ich habe ein Bewerbungsschreiben verfasst.	☐
Ich habe zusammen mit meiner Lehrkraft geprüft, ob alle meine Unterlagen vollständig, korrekt, ordentlich und sauber sind.	☐
Ich habe meine Unterlagen an mehrere Betriebe geschickt.	☐
• Nach einer Absage habe ich sofort bei den anderen Betrieben nachgefragt.	☐
• Nach einer Zusage habe ich mich bedankt.	☐
• Nach einer Zusage habe ich den anderen Betrieben abgesagt.	☐
Der Betrieb hat alle notwendigen Unterlagen erhalten (Bescheinigungen der Schule, Bewerbungsunterlagen, wenn nötig Gesundheitszeugnisse, ...).	☐
Ich weiß genau, wann und wo mein Praktikum beginnt.	☐
Ich kenne den besten Weg, um pünktlich zu meiner Praktikumsstelle zu kommen.	☐
Ich weiß, welche Kleidung am ersten Arbeitstag angemessen ist.	☐
Ich habe überlegt, wie ich am ersten Tag gut ins Praktikum starten kann.	☐

Webcode
SDL-32683-305
Checkliste Bewerbung

Mein erstes Praktikum

Auf diesen Fotos seht ihr unterschiedliche Situationen, die in einem Praktikum vorkommen können.

1 Beschreibt und besprecht die verschiedenen Praktikumssituationen.

Mein Praktikum – alles auf einen Blick

1 Notiere dir alle wichtigen Angaben für dein erstes Praktikum.

Mein Praktikum findet vom ____________________ bis zum ____________________ statt.

Mein Praktikumsberuf heißt: ____.

Mein Praktikumsbetrieb	
Name des Betriebs:	
Straße/ Hausnummer:	
PLZ:	Ort:
Telefon:	Mobil:
Mailadresse:	Internet:
Beginn des Arbeitstages: Uhr	
Ende des Arbeitstages: Uhr	
Mein/e Ansprechpartner/in im Betrieb	
Name:	
Telefon:	Mobil:
Mailadresse:	

Webcode
SDL-32683-401
Vorlage: Mein Praktikumsbetrieb

Meine Schule	
Name:	
Straße/ Hausnummer:	
PLZ:	Ort:
Telefon:	
Mailadresse:	
Meine betreuende Lehrkraft	
Name:	
Telefon:	Mobil:

Das erwarte ich von meinem Praktikum

❶ Schon bald startet dein erstes Praktikum. Welche Erwartungen hast du? Kreuze an.

Ich hoffe, dass ich im Praktikum ...

- ☐ etwas über mich und meine Fähigkeiten lerne.
- ☐ viel über den Beruf erfahre.
- ☐ viele Pausen habe.
- ☐ neue Tätigkeiten lerne.
- ☐ nicht nur zuschauen muss.
- ☐ früh Feierabend habe.
- ☐ Spaß an der Arbeit habe.
- ☐ lerne, ob der Beruf zu mir passt.
- ☐ deutlicher erkenne, was ich in der Zukunft arbeiten möchte.
- ☐ meine Arbeiten gut erledigen werde.
- ☐ gut von den Lehrern/Lehrerinnen betreut werde.
- ☐ meine Mitschüler/innen trotzdem oft sehe.
- ☐ unterschiedliche Arbeiten machen darf.
- ☐ nette Kolleginnen und Kollegen habe.
- ☐ nicht zu anstrengende Arbeiten machen muss.
- ☐ viel über den Praktikumsbetrieb erfahre.

❷ Oder hast du noch andere Erwartungen an dein Praktikum? Notiere.

Ich hoffe, dass ich ...

____.

____.

____.

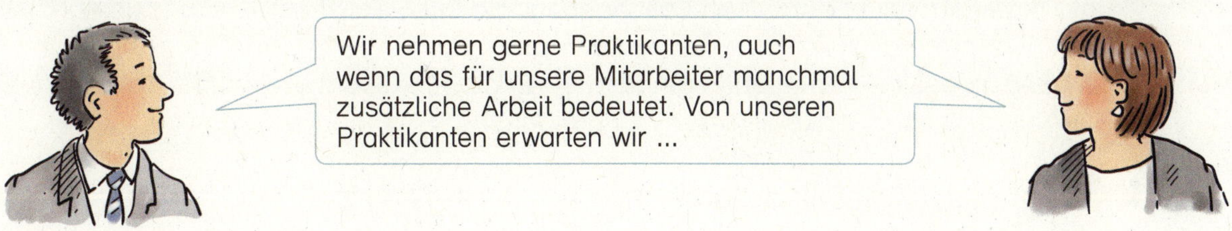

❸ Auch der Betrieb hat Erwartungen an dich als Praktikant. Notiere mögliche Erwartungen.

- ____
- ____
- ____
- ____
- ____

Das richtige Verhalten im Praktikum

Damit dein Praktikum ein guter Erfolg und eine schöne Erfahrung für dich wird, solltest du einige Verhaltensregeln beachten.

Höre aufmerksam zu und befolge Anweisungen genau!

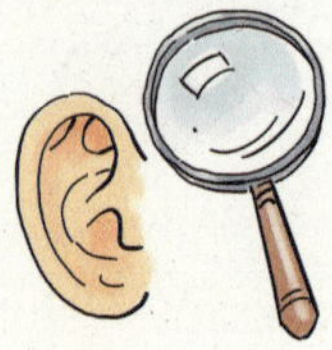

Erzähle keine wichtigen Betriebsinformationen weiter!

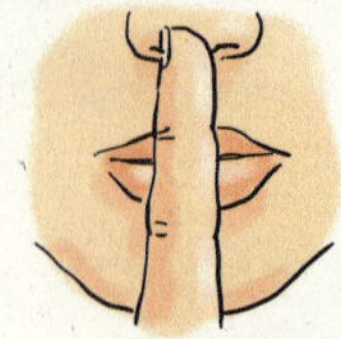

Frage nach, wenn du etwas nicht verstanden hast!

Gehe gepflegt und in passender Kleidung zur Arbeit!

Halte deine Termine immer pünktlich ein!

Verhalte dich freundlich und höflich!

Beachte die Pausenzeiten!

Sei ehrlich und achte das Betriebseigentum!

Ruf im Krankheitsfall vor Arbeitsbeginn im Betrieb und in der Schule an!

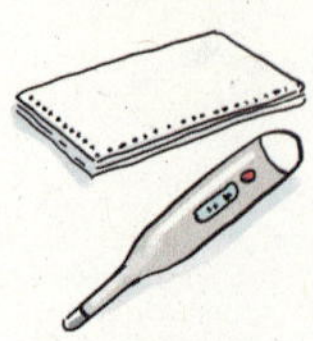

Wende dich bei Problemen sofort an deine Ansprechpersonen in der Schule und im Betrieb!

Halte dich an die Sicherheitsvorschriften!

Schalte dein Handy aus!

Im Folgenden sind Situationen beschrieben, die in einem Praktikum passieren können.

1. Gegen welche Verhaltensregel verstoßen die Praktikantinnen und Praktikanten jeweils in den folgenden vier Beispielen? Schreibe die passende Regel auf.

2. Überlegt für die Beispiele, wie man sich in der Situation besser verhalten könnte und notiert eure Vorschläge.

Evas Freundin Lea möchte wissen, wie Eva ihr Praktikum gefällt und ruft sie an. Evas Handy klingelt, als der Chef ihr gerade etwas erklärt.

Regel:

____

____

Dieses Verhalten wäre besser gewesen:

____

____

____

Tim befüllt im Supermarkt ein Regal. Eine Tüte Chips ist sehr zerdrückt. „Die kann eh nicht mehr verkauft werden“, findet Tim und steckt die Tüte in seinen Rucksack.

Regel:

Dieses Verhalten wäre besser gewesen:

Yusuf wacht am Morgen mit Schnupfen und Halsschmerzen auf und kann nicht ins Praktikum gehen. „Ich rufe später im Betrieb an“, denkt er und schläft weiter.

Regel:

Dieses Verhalten wäre besser gewesen:

Laura hat von einer Mitarbeiterin eine Aufgabe erklärt bekommen. Sie hat gut zugehört, aber nicht genau verstanden, was sie machen soll. Unsicher fängt sie an.

Regel:

Dieses Verhalten wäre besser gewesen:

3 Denkt euch in der Gruppe selber eine Situation aus, bei der gegen eine der Verhaltensregeln verstoßen wird.

a) Spielt eure Situation der Klasse vor.
b) Eure Mitschüler überlegen, gegen welche Regel verstoßen wurde und schreiben diese auf.
c) Spielt im Anschluss, wie man sich in der Situation besser verhalten könnte.

Sicherheit am Arbeitsplatz

Wo gearbeitet wird, besteht auch immer die Gefahr von Unfällen. Deshalb gibt es für die Sicherheit am Arbeitsplatz Zeichen und Schilder, die auf Gefahren hinweisen. Andere machen auf Hilfen und Sicherheitsmaßnahmen aufmerksam. Man unterscheidet zwischen:

Warnzeichen – Achtung!	Gebotszeichen – Das muss man tun!
Verbotszeichen – Das darf man nicht!	Rettungszeichen

1 Schreibe die entsprechende Bedeutung unter die Schilder 1–9. Wenn Du alles richtig machst, ergeben die roten Buchstaben ein Lösungswort.

~~SCHUTZHELM TRAGEN~~ / FEUER, OFFENES LICHT UND RAUCHEN VERBOTEN / ERSTE HILFE / ZUTRITT FÜR UNBEFUGTE VERBOTEN / WARNUNG VOR ELEKTRISCHER SPANNUNG / RAUCHEN VERBOTEN / RETTUNGSWEG / WARNUNG VOR FEUERGEFÄHRLICHEN STOFFEN / WARNUNG VOR GIFTIGEN STOFFEN

① 

SCHUTZHELM
TRAGEN

② 

③ 

④ 

⑤ 

⑥ 

⑦ 

⑧ 

⑨ 

Lösungswort:	M 1	2	3	4	5	6	7	8	9	verboten

Jetzt geht es los, du startest in dein Praktikum. Sicherlich bist du auch schon ein bisschen nervös. Mit dieser Checkliste kannst du überprüfen, ob du an alles gedacht hast. So hast du einen guten Start in dein Praktikum.

1 Fülle die Checkliste vollständig aus.

Meine Checkliste vor dem Praktikum — erledigt ✓

1. Ich habe alle nötigen Unterlagen im Praktikumsbetrieb abgegeben. ☐
2. Mein/e Ansprechpartner/in im Betrieb heißt: ______________________ ☐
3. Ich muss am ____________ um ____________ Uhr anfangen. ☐
4. Wie komme ich zu meinem Praktikumsbetrieb? Und wann muss ich los? Kreuze an und trage ein. ☐

☐ 	☐ 	☐ 	☐ 	☐ 
Startzeit: ____________	Startzeit: ____________	Startzeit: ____________	Linie/n: ____________ Zeiten: ________ / ________	

5. Muss ich spezielle Kleidung tragen? ☐ nein ☐ ja ☐

Wenn ja, welche? ______________________

____

6. Was muss ich sonst noch beachten? (Sicherheitsschuhe, zusammengebundene Haare ...)

____

____

______________________ ☐

7. Sonstiges: ______________________

______________________ ☐

Mein erster Tag im Praktikum

Dein erster Tag im Praktikum war bestimmt aufregend und hoffentlich auch spannend. Sicher konntest du schon ein paar Eindrücke sammeln und erste Erfahrungen machen.

1 Notiere Informationen, Stimmungen und Eindrücke von deinem ersten Praktikumstag. Kreuze an und ergänze.

Mein erster Tag

a) Ich bin heute um ____________ Uhr aufgestanden.

b) In dieser Kleidung bin ich heute zur Arbeit gegangen:

____

____

c) Kurz bevor ich den Praktikumsbetrieb das erste Mal betreten habe, ...

- ☐ fühlte ich mich gut.
- ☐ war ich sehr nervös.
- ☐ hatte ich vor Aufregung ein bisschen Herzklopfen.
- ☐ war ich noch müde.
- ☐ freute ich mich auf das Praktikum.
- ☐ war ich entspannt.
- ☐ wäre ich lieber wieder nach Hause gegangen.
- ☐ war ich gespannt, was mich erwartet.

d) Diese Arbeiten wurden mir gezeigt: ____

____

e) Diese Arbeiten durfte ich ausführen: ____

____

f) Nach dem ersten Tag im Praktikum ging mir folgendes durch den Kopf:

- ☐ Das Praktikum wird mir Spaß machen.
- ☐ Ich brauche noch Zeit, um mich an die Arbeit zu gewöhnen.
- ☐ Hoffentlich darf ich noch mehr Aufgaben selber erledigen.
- ☐ Was werde ich wohl noch alles erleben?
- ☐ Ich glaube, ich habe den richtigen Betrieb ausgesucht.
- ☐ Hoffentlich geht das Praktikum schnell vorbei.
- ☐ Ich habe heute schon etwas gelernt.

g) Kreuze an:

Mein erster Tag im Praktikum war...

☐ 

☐ 

☐ 

Du hast den Einstieg in dein Praktikum geschafft und neue Erfahrungen gemacht. Vielleicht konntest du auch schon mit anpacken.

1 Halte Eindrücke, Informationen und Stimmungen von deinem zweiten Praktikumstag fest. Kreuze an und ergänze.

Mein zweiter Tag

a) Die übrigen Mitarbeiter/-innen in meinem Praktikumsbetrieb sind...

☐ freundlich.
☐ ernst.
☐ konzentriert.
☐ eingebildet.
☐ angenehm.
☐ abweisend.
☐ hilfsbereit.
☐ locker.
☐ unterschiedlich.
☐ ____________________

b) Allein oder im Team?

☐ Ich habe eine Aufgabe **ganz allein** erledigt.
☐ Ich habe eine Aufgabe **zusammen im Team** erledigt.
☐ Ich habe eine Aufgabe **zusammen mit einer Mitarbeiterin** erledigt.
☐ Ich habe Mitarbeiterinnen und Mitarbeitern bei einer Aufgabe **zugeschaut**.

c) Werkzeuge, Geräte und Materialien

In den meisten Betrieben werden bei der Arbeit Werkzeuge, Geräte und Materialien verwendet.

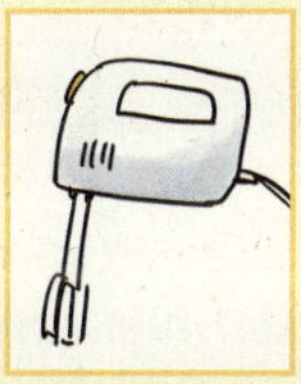

Mit diesen Werkzeugen, Geräten und Materialien habe ich gearbeitet:	**Diese Tätigkeit wird damit ausgeführt, dieses Produkt wird damit hergestellt:**

d) Kreuze an:

Mein zweiter Tag im Praktikum war...

☐  ☐  ☐ 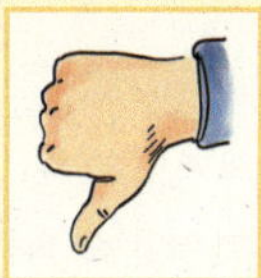

Der Tagesbericht

Zur Durchführung eines Praktikums gehört immer auch das Schreiben von Tagesberichten. In einem Tagesbericht berichtest du von deinem Praktikumstag. Hier siehst du den Tagesbericht von Lukas, der ein Praktikum als Fahrradmonteur macht.
Den Tagesbericht kannst du als Vorbild für deine eigenen Berichte nutzen.

Tipp

Tipps für deinen Tagesbericht
- In deinen Tagesbericht schreibst du das Wesentliche vom Tag.
- Achte auf die richtige Reihenfolge der verschiedenen Tätigkeiten.
- Schreibe die Verben in der Vergangenheit (Präteritum).

Mein Tagesbericht vom ______________________ (Datum)

Wann habe ich heute mit der Arbeit begonnen?	Mein Praktikumstag bei Fahrrad Müller begann heute um 9.00 Uhr. Das Geschäft öffnet um 9:30 Uhr.
• **Welche Tätigkeiten habe ich wann erledigt?** • **Welche Werkzeuge und Materialien wurden verwendet?** • **Mit wem habe ich gearbeitet?** • **Wo habe ich gearbeitet?**	Zuerst stellte ich kurz vor Ladenöffnung die Fahrräder vor die Tür. Ab 9:30 Uhr unterstützte ich einen Mitarbeiter in der Werkstatt bei einem Radwechsel. Hierfür benötigten wir zwei Schraubenschlüssel Größe 15 und einen Reifenheber.
Wann war die erste Pause?	Frühstückspause war von 10:45 Uhr bis 11:00 Uhr.
Was, wann, womit, mit wem und wo habe ich nach der ersten Pause gearbeitet?	Erst erklärte mir eine Kollegin, was ich tun sollte. Zwischen 11:30 Uhr und 12:30 Uhr wechselte ich alleine ein defektes Pedal aus. Dafür musste ich einen Inbusschlüssel benutzen.
Wann war die zweite Pause?	Mittagspause war von 13:15 Uhr bis 14:00 Uhr.
Was, wann, womit, mit wem und wo habe ich nach der zweiten Pause gearbeitet?	Nach 14:00 Uhr zeigte mir Herr Müller, wie eine Kettenschaltung eingestellt wird. Ab 15:00 Uhr sah ich zu, wie eine Kollegin einen Bremszug ausgetauschte. Ab 16:30 Uhr staubte ich die Fahrräder im Verkaufsraum gründlich mit einem Staubtuch ab. Zum Schluss half ich beim Aufräumen und Fegen der Werkstatt.
Wann hatte ich Feierabend?	Mein Arbeitstag endete um 18:00 Uhr.

1 Schreibe einen eigenen Tagesbericht. Beachte die Tipps auf S. 56 und die Fragen in der linken Spalte. Nutze die unterschiedlichen Satzanfänge aus dem grünen Kasten unten.

Mein Tagesbericht vom ______________________ (Datum)

Wann habe ich heute mit der Arbeit begonnen?	______
• **Welche Tätigkeiten habe ich wann erledigt?** • **Welche Werkzeuge und Materialien wurden verwendet?** • **Mit wem habe ich gearbeitet?** • **Wo habe ich gearbeitet?**	______ ______ ______ ______
Wann war die erste Pause?	______
Was, wann, womit, mit wem und wo habe ich nach der ersten Pause gearbeitet?	______ ______ ______ ______
Wann war die zweite Pause?	______
Was, wann, womit, mit wem und wo habe ich nach der zweiten Pause gearbeitet?	______ ______ ______ ______
Wann hatte ich Feierabend?	______

Webcode SDL-32683-402
Vorlage Tagesbericht

Am Morgen... Zuerst... Als Erstes... Dann...
Danach... Anschließend... Im Anschluss...
Am Nachmittag... Zum Schluss... Zuletzt...

Informationen über meinen Praktikumsbetrieb

1 Notiere Informationen zu deinem Praktikumsbetrieb. Kreuze an und ergänze.
Bestimmt können dich auch dein/e Praktikumsbetreuer/in und andere Mitarbeiter/innen dabei unterstützen, wenn du sie freundlich um Hilfe bittest.

Tipp

Tipps für deine Präsentation
Sammle für die Präsentation deiner Praktikumszeit:
- Prospekte
- Materialproben
- Werbematerialien
- Fotos
- Visitenkarten

Frage immer erst, bevor du dir etwas nimmst oder bevor du ein Foto machst.

Mein Praktikumsbetrieb

a) Wie heißt der Betrieb? ____________________

b) Seit wann gibt es den Betrieb? Seit: ____________________

c) Wie viele Mitarbeiter/innen hat der Betrieb? ____________________

d) Hat der Betrieb mehrere Filialen? ☐ nein ☐ ja Wenn ja, wie viele? __________

e) Kann man in dem Betrieb eine Ausbildung machen? ☐ nein ☐ ja

Wenn ja, in welchen Berufen? ____________________

____

f) Mit welchen Dienstleistungen oder Produkten verdient der Betrieb sein Geld?

____

g) Welche verschiedenen Arbeitsorte/ Arbeitsräume gibt es im Praktikumsbetrieb?

☐ im Freien
☐ Lager
☐ Werkstatt
☐ Büroraum
☐ Verkaufsraum
☐ Fabrikhalle
☐ bei Kunden
☐ ____________________

☐ gibt es einen Pausenraum.
☐ muss man Arbeitskleidung tragen.
☐ arbeitet man meistens drinnen.
☐ arbeitet man meistens draußen.
☐ wird im Schichtdienst gearbeitet.
☐ gibt es immer viel zu tun.
☐ wird auch am Wochenende gearbeitet.
☐ gibt es eine Kantine.
☐ hat man viel Kontakt mit Menschen.
☐ gibt es feste Pausenzeiten.
☐ gibt es mehrere Abteilungen.
☐ wird sehr auf Sicherheit geachtet.

☐ ____________________

☐ ____________________

Jetzt hast du es geschafft. Dein erstes Praktikum ist vorbei. Nutze die Gelegenheit, dich mit deinen Mitschülerinnen und Mitschülern auszutauschen. Die Erfahrungen der anderen können für dich zum Beispiel bei deiner Suche nach deinem nächsten Praktikumsplatz hilfreich sein.

1 Halte die Erfahrungen und Eindrücke aus deinem Praktikum fest. Markiere bei a) deine Einschätzung farbig. Ergänze mit deinen Worten bei den Aufgaben b) – d).

Kurzauswertung meines Praktikums

a) Meine Eindrücke:

Das Praktikum hat mir	sehr gut	gut	teilweise	nicht	gefallen.

Das Praktikum entsprach	voll	teilweise	kaum	gar nicht	meinen Erwartungen.

Meine Vorstellungen zu dem Beruf haben sich	voll	teilweise	kaum	gar nicht	geändert.

Ich möchte später	auf jeden Fall	vielleicht	nicht	in diesem Beruf arbeiten.

Im Praktikum gab es für mich	interessante	schwierige	anstrengende	Aufgaben.
	leichte	abwechslungsreiche	langweilige	

b) Diese Tätigkeiten habe ich überwiegend durchgeführt:

- ______________________________
- ______________________________

c) Das hat mir in meinem Praktikum gefallen:

- ______________________________
- ______________________________
- ______________________________

d) Das hat mir in meinem Praktikum nicht so gut gefallen:

- ______________________________
- ______________________________
- ______________________________

Kompakt

Mein Praktikumsberuf und ich

1 Kreuze an und ergänze.

Mein Praktikum habe ich gemacht als

____

____

____

Mein Praktikum war insgesamt

☐ ☐ ☐

Ich habe in meinem Praktikum folgende **Schulinhalte** benötigt:

- ☐ *Lesen*
- ☐ *Rechtschreiben*
- ☐ *freies Sprechen*
- ☐ *Kopfrechnen*
- ☐ *schriftliches Rechnen*
- ☐ *Rechnen mit dem Taschenrechner*
- ☐ *Rechnen mit Größen (Längen: mm, cm und m; Geld: Ct und €; Gewichte: g und kg)*

Ich habe in meinem Praktikum diese **persönlichen Kompetenzen** benötigt:

- ☐ *Selbstständigkeit*
- ☐ *Zuverlässigkeit*
- ☐ *Körperliche Belastbarkeit*
- ☐ *Leistungsbereitschaft*
- ☐ *Kreativität*

Ich habe in meinem Praktikum folgende **methodischen Kompetenzen** benötigt:

- ☐ *Arbeitsorganisation*
- ☐ *Sorgfalt und Genauigkeit*
- ☐ *Arbeitstempo*
- ☐ *Informationen sammeln*

Ich habe in meinem Praktikum folgende **sozialen Kompetenzen** benötigt:

- ☐ *Teamfähigkeit*
- ☐ *Hilfsbereitschaft*
- ☐ *Konfliktfähigkeit*
- ☐ *Einfühlungsvermögen*
- ☐ *Respekt*
- ☐ *Kommunikationsfähigkeit*

Diese drei Dinge sind mir in meinem Praktikum gut gelungen:

- ______________________________
- ______________________________
- ______________________________

Diese drei Dinge nehme ich mir für mein nächstes Praktikum vor:

- ______________________________
- ______________________________
- ______________________________

!!

Informationen und Hilfen

Bei deiner Berufsorientierung können dir viele Menschen mit Informationen, Rat und Tat helfen. Die folgenden Seiten geben dir wichtige Hinweise, wen du ansprechen kannst.

1 Überlegt gemeinsam, wer euch in eurer Schule in Fragen der beruflichen Orientierung unterstützt. Notiere die Antworten.

Informationen und Hilfen in meiner Schule

Name der Person	Aufgabe in der Schule (Klassenlehrer …)	Wann und wo kann ich die Person ansprechen?
1) ______ ______	______ ______	Wann? ______ Wo? ______
2) ______ ______	______ ______	Wann? ______ Wo? ______

Informationen und Hilfen zuhause und im Betrieb

Frag jemanden, den du kennst!
Überlege einmal, welche Erwachsenen oder älteren Jugendlichen du privat kennst:

- in deiner Familie oder Wohngruppe,
- in deiner Nachbarschaft,
- in deinem Freundeskreis,
- in Betrieben, in denen du schon einmal ein Praktikum gemacht hast.

Viele dieser Menschen haben berufliche Erfahrungen, die interessant für dich sein können. Sie haben sich schon einmal beworben, sie haben Praktika gemacht und sie arbeiten an verschiedenen Arbeitsplätzen. Auch an deiner Schule gibt es ältere Mitschülerinnen und Mitschüler, die schon Betriebspraktika gemacht haben.

1 Um ins Gespräch zu kommen solltest du dir vorher passende Fragen überlegen. Kreuze an, welche dieser Fragen du deinem persönlichen Ansprechpartner stellen möchtest.

- ☐ Hast du eine Berufsausbildung? Wenn ja, welche?
- ☐ Wie bist du zu deiner beruflichen Entscheidung gekommen?
- ☐ Was war dir damals bei deiner beruflichen Entscheidung wichtig?
- ☐ Was meinst du, welcher Beruf könnte zu mir passen?
- ☐ Was denkst du, worin liegen meine Stärken?
- ☐ Worauf sollte ich bei der Berufswahl achten?
- ☐ Kannst du mir einen Tipp geben, wie ich einen Praktikumsplatz finden kann?
- ☐ Kennst du jemanden, der mir helfen könnte?

2 Überlege, welche erwachsene Person du in deinem Umfeld ansprechen kannst. Wichtig ist, dass die Person dich gut kennt und schon Erfahrung in der Arbeitswelt hat. Notiere den Namen und einige Stichworte zu den beruflichen Erfahrungen der Person.

Informationen und Hilfen in meinem Umfeld und in meinem Praktikumsbetrieb

Meine persönlichen Ansprechpartner:	
1. Name: ______________	Telefon: ______________
Stichworte: ______________	
2. Name: ______________	Telefon: ______________
Stichworte: ______________	

Mein vertraulicher Experte im Praktikumsbetrieb:	
Name: ______________	Telefon: ______________
Stichworte: ______________	

Jede Schülerin und jeder Schüler hat ab der 9. Klasse einen Berufsberater oder eine Berufsberaterin von der Bundesagentur für Arbeit. Sie kommen zu Gesprächen mit dir, deinen Eltern und den Lehrkräften in die Schule. Sie beraten dich bei allen Fragen deiner Berufswahl – auch nach dem Ende deiner Schulzeit.

Tipp

Allgemeine Tipps
- Nutze zum Ausfüllen dieses Heft und berate dich mit deinen Ansprechpartnern.
- Speichere zusätzlich wichtige und nützliche Internetadressen auf deinem PC ab, zum Beispiel: www.planetberuf.de

1 Notiere dir wichtige Daten für deine Berufsorientierung. Beachte dabei die Seite 26 in diesem Heft mit den Informationen zum **BIZ**.

Informationen und Hilfen bei der Agentur für Arbeit

So heißt mein/-e Berufsberater/-in: ______________________

Telefon: ______________ Mein Gesprächstermin: ______________

Adresse der Arbeitsagentur: ______________________

____

Informationstage, Ausbildungsbörsen und Tage der offenen Tür in meiner Nähe

1. Veranstaltung: ______________ Kosten: ______________

Öffnungszeiten: ______________ Datum: ______________

Adresse: ______________________

2. Veranstaltung: ______________ Kosten: ______________

Öffnungszeiten: ______________ Datum: ______________

Adresse: ______________________

Das Jugendarbeitsschutzgesetz
Wenn du ein Praktikum machst, gelten zu deinem Schutz bestimmte Regeln. So ist zum Beispiel festgelegt, wie lange du täglich arbeiten darfst. Die Regeln sind im Jugendarbeitsschutzgesetz zusammengefasst.

2 Rufe die Internetseite des Bundesministeriums für Arbeit und Soziales www.bmas.de auf und gehe auf die Seite mit den Publikationen. Gib im Suchfeld ein: „Klare Sache". Dir wird eine Broschüre angezeigt, die du herunterladen kannst. Informiere dich darin über das Jugendarbeitsschutzgesetz, zum Beispiel über die Regeln für die Arbeitszeiten.

Wer unterstützt wann? Eine kurze Übersicht

Du hast dich jetzt schon intensiv mit deiner Berufsorientierung beschäftigt. Dabei hast du über viele Aufgaben und Herausforderungen nachgedacht und auch praktische Erfahrungen gesammelt.
Zudem hast du gelernt, dass es viele Menschen und Einrichtungen gibt, die dir bei deiner Berufsorientierung helfen können.

1. Kreuze gemeinsam mit einem Mitschüler oder einer Mitschülerin an, wer oder was euch bei eurem Berufsorientierungsprozess besonders unterstützt hat.
2. Überlegt in der Klasse, welche Aufgaben oder Herausforderungen es bei der Berufsorientierung noch gibt. Notiere sie in den freien Zeilen in der linken Spalte.
3. Überlegt, ob es noch weitere Menschen oder Einrichtungen gibt, die euch unterstützen und helfen können. Notiere sie in den freien Feldern oben rechts.

Wer oder was unterstützt dich? / **Aufgaben und Herausforderungen**	**Ich selber**	**Eltern Erziehungsberechtigte**	**Freunde und Vertrauenspersonen**	**Lehrerinnen und Lehrer deiner Schule**	**Sozialarbeiter/-in und Berufseinstiegsbegleiter**	**BIZ**	**Dein/-e Berufsberater/-in der Arbeitsagentur**	**Ansprechpartner/-in im Praktikum**	**Potenzialanalyse**	**Nutzung des Internets**	**Dieses Berufsorientierungsheft**		
Eigene Stärken, Potenziale und Kompetenzen erkennen													
Information über Berufsfelder suchen													
Information über Berufe suchen													
Einen Praktikumsbetrieb suchen													
Das Praktikum planen													
Den Lebenslauf schreiben													
Das Bewerbungs-anschreiben verfassen													
Unterstützung finden, wenn es keine Praktikumsstelle gibt													
Alternativen zum Praktikumsplatz suchen													
Ein Vorstellungsgespräch vorbereiten													
Notieren der Praktikumserfahrungen													
Nachdenken über das Praktikum													
Eine Rückmeldung zum Praktikum suchen und geben													